LE RENDEZ-VOUS
et
LA BLESSURE

Jean Daigle

LE RENDEZ-VOUS

et

LA BLESSURE

CARTE **BLANCHE**

Les Éditions Carte blanche
1209, avenue Bernard Ouest
Bureau 200, Outremont
(Québec) H2V 1V7
Téléphone : (514) 276-1298
Télécopieur : (514) 276-1349
Courriel : carteblanche@vl.videotron.ca

Distribution au Canada
FIDES
165, rue Deslauriers
Saint-Laurent (Québec)
H4N 2S4
Téléphone : (514) 745-4290
Télécopieur : (514) 745-4299

© Jean Daigle
Dépôt légal : 1er trimestre 2004
Bibliothèque nationale du Québec
ISBN 2-89590-031-0

LE RENDEZ-VOUS

À l'ami, Charles Lemay, qui, par ses magnifiques tableaux
et sculptures, m'a donné le goût de peindre à mon tour.
Avec reconnaissance pour ces trente-cinq ans de joie.

Joseph   75 ans et plus
Marie   75 ans et plus

Marie et Joseph sont vêtus de vêtements désassortis, mais pas sales. Ils gardent un fond de bonne éducation. Leur langage est coloré mais dépourvu de vulgarité. Ils ont quelque chose de clownesque.

Le décor représente un hangar abandonné dans le Vieux Montréal. On y trouve des objets au rancart et des caisses. C'est poussiéreux.

(La scène est dans le noir. On entend ouvrir une porte. Un rayon de jour entre. Puis un objet tombe.)

JOSEPH
(Sa voix sans le voir.) Pas d'excitage, c'est rien que moi ! Attention si y a quelqu'un, j'allume la pochette.

(Une lumière de plafond s'allume sur la scène. Joseph paraît et regarde autour.)

Y a personne ?... Y a personne. Je suis arrivé le premier, ça m'a l'air !

(Il s'approche des objets épars dans la pièce : boîtes de carton, meubles, poupée, landau de bébé, pneus, jouets, vieille bicyclette, matelas — qui sert aux clochards —, jouets, etc.)

Ouais! la femme de ménage est encore en vacances! Le manoir est plutôt à l'envers. Ah! on a donc plus de service, de nos jours, les domestiques sont tellement syndicalistes! Faut tout faire soi-même. Enfin!... À moins d'engager des immigrants, ben sûr! Eux autres, y lèvent pas le nez sur l'ouvrage sale...

(Il range quelques objets. Puis il prend la poupée qu'il met dans le landau. Il le pousse vers le mur où pend un portrait d'ancêtre.)

Allez, jase avec pépère. *(Au portrait.)* Hein, pépère? Tu vas t'occuper du bébé, j'ai un peu de borda à faire dans la baraque avant l'arrivée de la visite. *(Il continue à déblayer pendant un moment. Au portrait.)* Un instant, je reviens. Bouge pas. *(Il disparaît derrière l'amoncellement des meubles et caisses. On l'entend déplacer des choses pendant qu'il appelle Marie en jouant au médium.)*

Marie?... Marie, es-tu là?... Marie?... Marie?... Es-tu là?... Ah! une table... *(Faisant l'encanteur.)* Une table! une table de style... euh!... de style early jewish Québec. En bois véritable. Pas de tiroir. Peinturée en vert... *(Il apparaît avec la table verte.)* ... en verrat!... Qui fait une offre? Une table, une fois, deux fois, trois fois! Adjugée à monsieur Joseph. *(Il dépose la table.)* Merci, mettez ça sur mon compte! *(Regardant la table.)* La vie de couple ça commence par la table, pis ça finit par la couchette... ou plutôt le contraire! *(Il se trouve amusant. Il cherche autour et avise une chaise qu'il approche de la table.)*

Une chaise! Une chaise, ça raconte toujours une histoire. Une histoire de fesses, forcément. *(Il rigole. Il cherche une autre chaise. Il en voit une qu'il prend. Il lui manque une patte.)* Hum! toi ton règne est fait. T'as trouvé chaussure à ta patte. *(Il se trouve drôle. Il laisse la chaise et tire une caisse de bois qui est là.)* La caisse va faire. Faut pas rechigner sur le butin qui nous est prêté, hein pépère? *(Une fois la caisse en place, il l'ouvre.)* Des vieux journaux! Des vieux livres! Les gens sont donc ramasseux. Y collectionnent des cossins pour les brûler ensuite ou ben les laisser en héritage à des descendants qui mettront le feu dedans. C'est vrai, on s'attache à des choses, à des animaux, à des humains, rien que pour pâtir quand on va les perdre. Ou ben pour s'en écœurer complètement et pas venir à bout de s'en défaire. *(Il prend un journal.)* Y a-t-y de quoi de plus éphémère qu'une gazette ? Des fois, quand ça paraît, c'est déjà trop tard, le premier ministre qui était malade, y est mort ou ben la menace d'averses est devenue un orage de grêle. Pour dire que la meilleure chose qu'on a jamais faite avec, c'est de les accrocher dans les bécosses, mais y a plus de bécosses. *(Il chante sur l'air de « Plaisir d'amour ».)* Y a plus d'bécosses, ça fait qu'on lit plus le journal... *(Il laisse tomber le journal dans la caisse qu'il referme pendant qu'on entend sonner trois heures à l'horloge de l'hôtel de ville. Il cesse de chanter.)*

Leur réputation est pas exagérée, pas une miette, sont toujours en retard. Elle m'a dit : « Joseph je serai là avant trois heures. » Vas-y voir ! T'es ben comme les autres, Marie, tu te fais désirer. Oh ! au fond, c'est les hommes, les caves. On aurait rien qu'à pas être là quand y arrivent avec leurs explications. Hein pépère ? Remarque, moi, ça me dérange pas, attendre pour attendre, aussi ben que ça soit elle que le Messie ! D'ailleurs, je suis pas circoncis. *(Il rigole. Il s'arrête soudain.)* Mais faudrait pas m'avoir fait des accroires, par exemple, Marie, parce que j'aimerais pas ça pantoute. C'est pas tous les jours que Joseph et Marie organisent leur fuite en Égypte ! Je voudrais pas que tu croies que c'est moi l'âne. J'ai pas les oreilles assez longues.

(Il fait quelques pas et enlève une vieille couverture qui recouvre un tourne-disques ancien.) Ah ! ben, un vieux gramophone ! Comme y avait chez ma tante Exilda ! Pareil ! Tu parles d'un adonc ! *(Il l'ouvre et l'inspecte.)* Y a même un record dessus ! Non mais, tu parles d'une trouvaille, toi ! *(Il prend le disque et souffle dessus pour enlever la poussière.)* Ouais, ça paraît que t'as pas joué depuis un bon bout de temps. T'en as une couche de poussière, mon homme ! *(Il essuie le disque avec sa manche de veston.)* Qu'est-ce qu'y peut ben y avoir d'enregistré là-dessus ? *(Il approche le disque pour lire l'étiquette. Il lit.)* Pagliacci. Leon... cavallo... Vesti la gi... ubba !...

(Étonné.) Caruso? Enrico Caruso. Comme chez ma tante Exilda! Pareil! Suffirait que le gramophone fonctionne, ça serait parfait! On peut toujours essayer, ça coûte rien! *(Il tourne la manivelle pour l'actionner.)* Ça, ça marche, en tout cas... Le disque à c't'heure! *(Il le place sur la table tournante. Puis il met le bras en place. Au bout d'un instant la musique commence.)* Ça y est! Comme chez ma tante Exilda. Pareil! *(Il chantonne avec Caruso. Puis il se met à rigoler.)* Mon oncle Anaclet, le mari de ma tante Exilda, y essayait d'imiter Caruso, y s'étranglait à chaque fois. On aurait dit que les veines du cou allaient y éclater, tellement y se forçait!... C'est lui qui chantait le *Minuit, Chrétiens!* à la messe de Minuit, dans la paroisse. *(Il chante avec Caruso pour la fin de l'aria.)* Non, mais c'est-y assez fort de retrouver ça après si longtemps! Ben pour dire, le passé est toujours présent, en fin de compte. *(Il arrête le tourne-disque.)* Salut, Caruso! Ça fait drôle quand même de conserver la voix des morts! C'est rien ça, de nos jours, on congèle le monde tout rond, au cas où on trouverait un moyen de les ressusciter! Mais faut être riche pour ça. Ben riche!... *(Il fait quelques pas et regarde vers la porte d'entrée.)* Marie?... Marie, es-tu là?... Marie!... Ouais! Ça se pourrait-y que je me sois fait avoir? *(Il se promène un moment et tombe en arrêt devant une statue du Sacré-Cœur décapitée et placée sur un soliveau du hangar.)* Tiens, y a perdu la tête, le pauvre christ! Fais-toi-z-en pas, tit-jésus, j'ai perdu ben plus que la boule. J'ai perdu le fil, perdu la voix, perdu la carte, perdu le nord, perdu l'équilibre, perdu connaissance, perdu patience, perdu l'habitude, perdu les pédales, perdu mon dépôt, mes élections, perdu mes jobs, perdu mes cheveux, mes dents, perdu confiance, perdu la trace, perdu...

MARIE
(Elle est entrée sur ces derniers mots et elle enchaîne sur son texte.) J'ai perdu mon chemin. *(Elle a un sac de provisions d'une main et un bouquet de lilas de l'autre. Elle reste sans bouger.)*

JOSEPH
(L'apercevant.) J'ai eu peur que t'aies changé d'idée.

MARIE

J'ai eu peur de pas te trouver.

JOSEPH

On est quittes. Avance !... Comment t'aimes mon condo ?

MARIE

(Elle avance en regardant autour.) C'est tranquille, en tout cas, c'est retiré. Ces vieilles bâtisses-là, on dirait qu'elles se cachent pour pas se faire démolir. Pas facile de les dénicher, en tout cas.

JOSEPH

Je connais le coin, je barouche depuis longtemps dans le Vieux Montréal, ben avant que ça soit populaire. J'ai couché icitte souvent, tu sais, dans le temps de ma... euh !... peu importe !

MARIE

Ben, moi, j'avais jamais mis les pieds dans les parages. C'est ça avec les grandes villes, y ont des pays entiers à découvrir quand on veut. S'agit de barrauder en reluquant. On finit toujours par apercevoir un morceau de passé qui te rejoint tout d'un coup. Paf ! En pleine face.

JOSEPH

T'as trouvé des lilas ?

MARIE

Je les ai trouvés à mon goût surtout.

JOSEPH

Parfait, Marie, ça peut pas tomber mieux, ça manquait ici-dedans.

MARIE

Je fais toujours ça. Je les aime. J'en mets partout, par parure, pour le plaisir, pour le sent bon, itou. *(Elle sent.)* Ça dure si peu longtemps, la beauté.

JOSEPH

C'est pour ça que la beauté devrait appartenir à tout un chacun, gratis, tu penses pas ?

MARIE

C'est en plein ce que je me dis. Ma conscience est parfaitement d'accord.

JOSEPH

Sans ça, c'est tenter les quêteux pour rien.

MARIE

Les fleurs, c'est la paix du monde, je vois pas pourquoi on ferait mal en les cassant, hein? Respire, c'est parfumé.

JOSEPH

(Respirant.) Même quand elles poussent au travers du fumier, elles trouvent moyen d'embaumer, malgré tout. (Il les prend.) C'est-y pas assez fort?

MARIE

C'est pareil, pareil, pour les humains. Y sont pas des mille et des cents, mais y en a.

JOSEPH

(Parlant en cherchant un vase pour mettre les fleurs.) Y doivent pas être plus nombreux que les pots à fleurs dans ce hangar-là.

MARIE

De coutume, pourtant, les gens gardent les vases, y jettent les fleurs à la place.

JOSEPH

(Trouvant une boîte de conserve.) Ouais! on est ben passé à côté de l'essentiel pour s'occuper des machines qui font du bruit pis qui marchent vite, mon idée! (Elle se regarde dans le miroir de son vieux poudrier.)

MARIE

Tout ça fait que les roses sont en plastique, ben sûr.

JOSEPH

Pis que le monde font tout à la bauche.

MARIE

(Elle serre son poudrier.) D'ailleurs, y te posent des batteries, à c'theure, quand t'as la patate qui va trop lentement. Et hop! tu repars péti-pétant, comme un mouvement de cadran électrique après une panne de courant. Y suffit seulement de remettre les aiguilles à la bonne place. *(Elle fait le geste en se servant de son visage comme cadran.)*

JOSEPH

(Amusé.) T'es drôle, avec ton sac, plantée là. Heureusement qu'y a pas de chiens.

MARIE

Farceur ! *(Lui donnant le sac de provisions.)* Tiens, on crèvera pas de famine, y a des provisions dedans.

JOSEPH

Waoh ! *(Regardant dans le sac.)* On va y faire honneur, crains pas. *(Il va placer le sac à l'écart.)*

MARIE

(Petit temps.) … Bon, ben y nous reste rien qu'à…

JOSEPH

Dégreye-toi, puisque t'es rendue. Y est trop tard pour aller veiller ailleurs. *(Il riote.)*

MARIE

Comme tu dis. *(Elle enlève son manteau.)* Je garde mon chapeau ! *(Pas sérieuse.)* Une dame devrait toujours en porter un, même si c'est passé de mode. Ça fait plus décoré. *(Désignant son chapeau.)* J'y ai ajouté quelques fantaisies, faut dire. C'est une de mes coquetteries. J'aurais fait une modiste, si… euh !… Je suis ben démodée, je te préviens.

JOSEPH

Moi, j'aime ça. Me semble que les femmes ont plus les colifichets qu'y avaient dans le temps. Sont toutes coupées carré ! On dirait qu'elles portent des housses de fauteuils, tellement ça manque de garnitures. *(Il a pris le manteau de Marie et va le pendre au mur.)*

MARIE

Tu vois, j'ai endossé ma robe la plus propre. La dentelle est un peu froissée, mais elle est pas jeune, jeune. Pas surprenant qu'y ait des faux plis à des endroits.

JOSEPH

L'usure te fripe la peau, pourquoi ton linge y goûterait pas aussi ? Et pis, un faux pli, c'est mieux qu'un vrai trou.

MARIE

Oh ! là, je dois admettre que j'ai eu ma part des deux. T'arrives pas à soixante-quinze ans sans avoir connu d'accidents de parcours, t'imagines ben.

JOSEPH

Assis-toi, pis raconte-moi tes aventures.

MARIE

Franchement, Joseph, tu y vas un peu raide.

JOSEPH

Ah ! inquiète-toi pas, je vas te relancer. Mais je suis ben élevé, c'est pas ma faute ; les créatures d'abord.

MARIE

(Elle s'assoit.) C'est si éloigné que je me regarde par le petit bout d'une longue-vue, ben manque. Je me reconnais pas, je suis devenue un esprit. Parce que j'ai beau fouiller, la Marie d'autrefois est disparue complètement. Évanouie dans les saisons d'arrière : un fantôme.

JOSEPH

Tu crois pas que c'est ça, justement, vieillir ? Tu dois muer ?

MARIE

Comme si tu changeais de chemise par en dedans, tu veux dire ?

JOSEPH

Que tu virais ton écorce à l'envers, ouais !

MARIE

Pas surprenant qu'y a des coutures qui paraissent.

JOSEPH

(Amusé.) Pas pour dire, mais depuis une semaine que je te connais, tu finis pas de m'en sortir de ta caboche, toi.

MARIE

T'es ben complimenteux. Je devrais me défier ! Enjoleux !

JOSEPH

Rien dans les mains, rien dans les poches.

MARIE

Moi non plus. J'ai vidé ma négresse.

JOSEPH

Ta quoi?

MARIE

Ma négresse. C'est mon cochon. Je l'ai brisé pour acheter ce qu'y a dans le sac à magasinage.

JOSEPH

Moi avec, j'ai tout dépensé pour acheter nos billets pour le voyage. J'ai ça là. *(Il désigne la poche de son veston.)*

MARIE

On est parés, en ce cas là. On partira à quatre heures comme entendu.

JOSEPH

(S'assoyant.) Alors, dis-moi. Quand t'étais petite. N'importe quoi, même si c'est rien que tes catinages.

MARIE

(Elle hausse les épaules et hoche la tête.) Oh! J'ai pas eu d'enfance. J'ai été enfant, mais j'ai pas eu d'enfance. C'est bête, hein?

JOSEPH

Explique-moi donc ça, là?

MARIE

T'as pas des manques, toi, dans ta vie? Des années complètes qu'y te reste rien à te rappeler? Comme si t'avais pas été là?

JOSEPH

Oh! quand tu penses que 8 heures sur 24, tu dors, t'es pas là pendant 25 ans. Si tu vis jusqu'à 75 ans, tu meurs à 50 ans.

MARIE

En plus que, dans c'te grande ville grouillante, y a du monde qui existent même pas, à force d'être anonymes. Moi, chez nous, y avait trop de monde, je vivais pas, je voyais vivre les autres à la place.

JOSEPH

Mais les autres, c'est nous autres, pour eux autres.

MARIE

Là, tu me perds.

JOSEPH

Laisse faire, je me comprends.

MARIE

Bon, tant mieux pour toi. Mais n'empêche que mon enfance, c'est le néant, j'étais absente de moi.

JOSEPH

Y a peut-être quelqu'un qui l'a vécue à ta place ?

MARIE

En tout cas, c'est pas moi. Je te le dis, y a des pages arrachées à mon cahier, j'ai une trame mangée par les mites.

JOSEPH

Trouve-moi quelqu'un qui a pas un blanc quelque part ? Sans parler des bleus ! Hein ?

MARIE

Oh ! avec le nombre de blancs pis de bleus que j'ai eus, j'aurais l'air d'un drapeau, moi, certain.

JOSEPH

Comme ça, la petite Marie, on n'en parle plus !

MARIE

À quoi ça servirait de parler de rien ?

JOSEPH

Mais, plus tard, y en est arrivé quelque chose ? *(Temps.)*

MARIE

C'est niaiseux ce que j'aurais à me remémorer. Des bouts de phrases, des morceaux de casse-tête dépareillés, des retailles. Rien de conséquence.

JOSEPH

On sait jamais, tout ça mis ensemble, ça pourrait faire un genre de collage le fun ? Y a des artistes qui créent des chefs-d'œuvre en raboutant plein d'affaires disparates ensemble.

MARIE

(Elle le regarde en souriant. Temps.) Une fois, c'était le dégel, l'hiver fondait à vue d'œil. On avait organisé une partie de sucre chez le voisin, à la campagne. Je devais avoir treize ans. *(L'éclairage change au fil de son récit.)* Y avait une trâlée de visite à la cabane : des cousins, des cousines, des bonhommes, des bonnes femmes, des violoneux, des câleurs, avec la tire et les œufs dans le sirop. *(Elle se lève.)* Un moment donné, y a là un garçon brun, avec des yeux pointus, un sourire finaud, qui tourne sa bouchée pour la faire durcir et qui me présente sa palette...

JOSEPH

(Entrant dans le jeu.) Tu veux licher ? *(Il se lève.)*

MARIE

Oui ! Non, y paraît que ça te fait attraper le va-vite. *(Elle rit de gène.)*

JOSEPH

Ben non, si on est raisonnables. Viens, on va boire à même les entailles.

MARIE

Donne-moi la main, parce que je suis pas accoutumée dans la forêt.

JOSEPH

C'est tout à toi. *(Il lui tend la main ouverte.)*

MARIE

(Elle regarde la main.) Une main râpeuse et dure et si grande. On aurait dit de la pierre chaude au soleil quand j'ai posé ma main, toute petite et froide, dans la sienne. Quand y a fermé sa main sur la mienne, y m'est passé un courant jusqu'à l'extrémité des cheveux. Je me suis mise à trembler. Je restais figée en baissant le regard parce que je voyais embrouillé. *(Elle a fait les gestes qu'elle a racontés.)*

JOSEPH

Suis-moi, c'est rien qu'à un arpent. *(Ils marchent main dans la main.)*

MARIE

Mon nom, c'est Marie.

JOSEPH

Moi aussi.

MARIE

Comment ça ? C'est un nom de fille.

JOSEPH

Je m'appelle Louis-Marie.

MARIE

Louis-Marie !

JOSEPH

Chez nous, mes sœurs ont des noms simples, mais les gars ont des noms composés.

MARIE

(Ils marchent toujours.) Chez nous, on s'appelle n'importe comment.

JOSEPH

Tu dois avoir un autre prénom que Marie, sur ton baptistère ?

MARIE

Oui, mais je le trouve laid, je le dis pas.

JOSEPH

À moi, tu peux le dire, on est tout seul.

MARIE

(À mi-voix.) Olive !

JOSEPH

(Amusé.) Eh ! ben, change pour change, moi c'est Octave !

MARIE

(Amusée aussi.) Alors on est Olive et Octave. *(Ils rient ensemble et dans leur rire, Louis-Marie enlace Marie. Il l'embrasse. Elle se dégage vivement.)* J'ai soif !

JOSEPH

Attends que j'enlève la chaudière, tu pourras sucer après le chalumeau. Comme ça. *(Il le fait en s'agenouillant.)* Essaye à ton tour.

MARIE

(Elle s'agenouille et goûte.) C'est un peu fade, ça goûte vert. Mais c'est frais. Le mois d'avril a jamais eu cette saveur-là avant.

JOSEPH

C'est la sève qui monte. Tu veux goûter encore ? *(Il l'enlace et l'embrasse en voulant l'étendre sur le sol.)*

MARIE

(Elle se redresse.) La neige est mouillée. Allons rejoindre les autres. *(Elle se relève vivement. L'éclairage redevient normal. Temps. Elle se retourne et regarde Joseph.)* C'est quétaine, quand on y songe à distance, mais c'est l'histoire de mon premier baiser.

JOSEPH

(Toujours agenouillé.) Je voudrais ben te raconter le mien, si je m'en souvenais. Y en a eu tant avec les petites voisines, sous le perron, dans la ruelle, le garage, sur la montagne, à l'île Sainte-Hélène. Des bouches fermées... qui sont devenues des lèvres ouvertes à mesure. C'était pas le même genre de lichette que toi.

MARIE

(Gênée.) Ça sèche le gosier... la tire. *(Elle va dans le sac à provisions et en sort une bouteille et des verres.)*

JOSEPH

(Se relevant et rentrant dans la réalité à son tour.) J'en reviens pas encore qu'on se soye rencontrés.

MARIE

As-tu foi en ça, toi, les dictons ?

JOSEPH

Ça dépend.

MARIE

(Elle prépare les verres, etc.) Par exemple que chaque torchon trouve sa guénille.

JOSEPH

Si ça s'applique à nous autres, c'est pas ce qu'y a de plus flatteur.

MARIE

C'est une façon de dire que ça pourrait être la destinée qui nous a fait connaître.

JOSEPH

La Providence ? *(Il dit ça sans y croire.)*

MARIE

Que ça s'appelle n'importe comment. Dieu, ça existe ?

JOSEPH

Pour ceux qui en ont besoin, je présuppose. Chacun se l'invente à sa guise, ça fait qu'on a le dieu qu'on mérite.

MARIE

Ce qui ferait que c'est pas Dieu qui a créé l'homme à son image, mais que c'est l'homme qui s'est inventé des dieux à sa mesure.

JOSEPH

Moi, tu sais, je questionne plus, je me satisfais que l'Univers soit là, avec des couleurs et des odeurs. Qu'importe qui c'est qui a fait quoi.

MARIE

Mais, y a pas rien que le beau, y a le laid. D'où ça vient ?

JOSEPH

De la même place que le beau. Tu y peux pas grand-chose.

MARIE

Ouais ! Dans un parterre, y a les bonnes pis les mauvaises herbes. Même si t'as semé rien que des pétunias. *(Elle lui donne un verre.)* Bois !

JOSEPH

(Joseph trinque.) Santé ! *(Ils boivent de bonnes lampées.)*

MARIE

C'est à toi le crachoir, à c't'heure. Vide ton panier. *(Temps. Regards.)*

JOSEPH

Curieux, mais je suis un pêle-mêle incomprenable, je sais pas par quel bout me prendre.

MARIE

Commence par le début, même si c'est le milieu, puisque la vie, ça a ni queue, ni tête, de toute façon.

JOSEPH

Dans ma souvenance, ça pourrait s'appeler « l'époque des berceuses, ma plus ancienne mémoire ».

MARIE

(Le taquinant.) Une chanson d'amour, avec la guitare à Tino Rossi ?

JOSEPH

Ah ! non, plutôt une complainte de ruine-babines, venant du fin fond de jadis ! *(On entend un air d'harmonica en sourdine. Il dure pendant le récit suivant. L'éclairage change pour ce qui suit également.)* Y avait Bertha, y avait Dédette, y avait surtout Lucie, c'était ma préférée. Y étaient toutes célibataires, amies de ma mère. Elles venaient nous bercer, à tour de rôle. Quand Lucie partait, je pleurais chaque fois. Je pensais qu'elle reviendrait pas. Alors, elle laissait son sac à main. En arrivant, elle disait : « Je suis venue chercher ma bourse, Joseph. » Je courais la prendre où je l'avais cachée, parce que, la veille, ou le jour d'avant, elle était partie en disant : « Va serrer ma sacoche, je viendrai la cri une autre fois. » Comme ça, j'étais sûr qu'elle reviendrait... Un soir, elle s'est amenée avec un monsieur que je connaissais pas et elle m'a rien demandé. L'époque des berceuses était passée. *(La musique cesse et l'éclairage redevient normal. Joseph regarde Marie. Il blague.)* Une romance à jabots et à souliers de cuir patent avec du vert de gris. *(Il souffle comme pour enlever la poussière.)*

MARIE

Y faut pas épousseter ses souvenirs, y sont ben plus douillets avec leur poudrage. Ça leur fait un duvet qui les rend encore plus doux.

JOSEPH

Je me sens tout ramolli après t'avoir conté ça.

MARIE

(Chantant.) Les souvenirs de nos vingt ans, sont de jolis papillons blancs...

JOSEPH

J'aurais ben souhaité pourtant que ma vie finisse à vingt ans.

MARIE

Pourquoi?

JOSEPH

... Plus tard!

MARIE

Y a pas de presse. Le vin est bon!

JOSEPH

(Il regarde son verre.) Ma première baloune, je l'ai prise au vin, au vin de bibites qu'y appelaient. J'ai failli en crever. *(Il boit. Musique de reel et éclairage.)* C'était l'enterrement de vie de garçon de mon cousin germain à la campagne. J'avais dans dix-sept ans, pis j'étais malaucœureux comme le yable. Après un verre, j'étais dégoûté frette, mais j'étais déjà assez réchauffé pour être capable de boire le prochain. Ça fait que les suivants ont coulé sans que je m'en aperçoive. Mais, quand j'ai voulu me lever, les jambes m'ont plié en deux et je me suis effoiré sur le plancher de danse couvert d'acide borique, devant toute la parenté qui se tapait les cuisses de rire. *(La musique cesse et l'éclairage redevient normal.)* Tout ce que je voulais, c'était de trouver un racoin pour dégobiller. J'ai pas pu me rendre, j'ai dégueulé sur ma tante Alice. Elle m'haït depuis ce jour-là. Je me souviens encore qu'elle avait un costume tailleur drabe, avec une fale brune. J'y ai jamais revu sur le dos.

MARIE

Pauvre ma tante Alice!

JOSEPH

Sans mon avarie, je me rappellerais peut-être plus d'elle seulement.

MARIE

(Après une bonne gorgée de vin.) J'avais vingt ans quand j'ai pris une brosse, moi aussi. Solide, j'entends. Avant ça, je saluais, pas plus. Mais là, c'était spécial, disons.

JOSEPH

Pourquoi?

MARIE
... Plus tard !

JOSEPH
Pas de presse. Le vin est bon ! *(Il emplit les verres.)*

MARIE
(On entend des bruits de ville. L'éclairage change.) T'aurais dû me voir, dans ma jeunesse. J'étais ben vlimeuse. Des cavaliers, j'en avais à poignées. Le téléphone arrêtait pas de sonner. Je refusais rien : les soirées, les vues, les *nowheres*, les danses, les soupers, les pique-niques, j'en finissais pas. Faut avouer que j'étais pas mal appétissante. J'étais un peu plus rondelette qu'aujourd'hui, avec un petit trognon... intelligent ! J'y faisais livrer tous les messages que je voulais, dans n'importe quel langage. Une femme qui sait utiliser son derrière, son chemin est fait, garanti. *(Le bruit de ville cesse et l'éclairage redevient normal.)* Oh ! seigneur, je suis en train de te rabâter des affaires de l'ancien temps. Fais pas attention, c'est le verre de vin qui me dégêne. *(Elle boit.)*

JOSEPH
Je m'en plains pas. Tu sais, des... croupions sautillants, j'en ai ben suivis, autrefois. Y a pas qu'avec les yeux qu'on fait des clins d'œil.

MARIE
Parle-moi-z-en pas. Ma mère avait accoutumance de dire : « Marie, t'as l'air aguichant d'une chatte qui pisse dans le son. » Mon père m'appelait ses crottes noires ou ses boutons de soutanes. J'en ai ben fait revirer des têtes avec ces quenœils-là. Mais je trouvais ça normal, je jouais pas les... les... euh !

JOSEPH
Agathe Pichette ?

MARIE
Ouais. Non, j'étais une sorte de boette pour les poissons.

JOSEPH
Les gars devaient pas te porter dans leur estime ben ben, si tu faisais rien que les allumer, sans leur donner de quoi à fumer.

MARIE

Ben, je donnais des acomptes aux plus fins, les autres restaient avec leur petit bonheur dans la main.

JOSEPH

Et t'as jamais frappé le grand amour, à jouer avec le feu ?

MARIE

Un coup d'abord. *(Elle boit pour ne pas répondre.)* C'est à ton tour de m'épater.

JOSEPH

Oh ! là tu vas être désappointée. Y a rien que les vantards qui vont te détailler les fortunes qu'y ont pu avoir. Je sais pas si t'es comme moi, mais quand je couche avec quelqu'un juste pour... pour coucher, après, j'ai une espèce de creux, y a quelque chose qui me fait défaut. Un quelque chose que je pensais trouver, pis non. Qu'est-ce que tu peux ben chercher ? T'as qu'un plaisir maigre, pis amer. J'ai jamais pu savoir où ça se logeait le désir d'aller toujours au-delà de la fille qui est à tes côtés.

MARIE

Au paradis terrestre ? Ça serait peut-être vrai qu'on est des anges déchus ?

JOSEPH

Des anges déçus, en tout cas.

MARIE

Le bon Dieu est pas fou. Le jardin des délices, y a mis la clé dans la serrure. Tu restes dans le tambour avec ton appétit.

JOSEPH

Pis, comme t'aimes pas souvent, t'as faim la majeure partie de ton existence.

MARIE

Avec ta fringale d'absolu.

JOSEPH

Par quoi y faut passer pour y arriver ?

MARIE

Faut faire le voyage, veux, veux pas.

JOSEPH

C'est la solution : lâcher les amarres.

MARIE

Pour enfin accoster sur l'île déserte.

JOSEPH

Ah ! Marie, t'as eu ben raison de refuser mes avances, l'autre soir.

MARIE

J'ai eu une attaque de virginité subite.

JOSEPH

Ça fait rien, j'aurai pas attendu inutilement, puisque t'as accepté de partir avec moi.

MARIE

Le grand corridor va déboucher sur un tapis volant, tu vas voir.

JOSEPH

Toutes nos envies de partance vont aboutir.

MARIE

Cette fois-là, tu iras au-delà de la femme qui sera à tes côtés, je te le promets.

JOSEPH

J'imagine qu'un capot usagé doit se sentir comme je me sentais le soir qu'on s'est connus.

MARIE

Comment ça ?

JOSEPH

J'avais plus de forme. T'as remarqué, les habits à force d'être portés, y ont plus de ressorts, y bavent de partout, les poches gueulent, les revers roulent, les boutons pendent.

MARIE

J'étais à peu près dans le même état, excepté que j'étais accrochée à un clou. Ça prenait toi pour me dépendre.

JOSEPH

Pourtant, y avait belle lurette que je te courais à tâtons sans le savoir.

MARIE

Probable que t'as deviné que c'était mon rêve de dénicher l'oiseau rare, moi avec.

JOSEPH

Bizarre que j'aie toujours été fasciné par les outardes qui filent en triangle vers le sud... En fait de sud, j'ai abouti au carré Saint-Louis. *Some* pays chaud !

MARIE

Te v'là en phase terminale, comme y disent.

JOSEPH

Même pour un bum, y a des limites, tu vois ?

MARIE

Ah ! Une traîneuse peut pas finir ailleurs non plus.

JOSEPH

La robine.

MARIE

La crasse.

JOSEPH

Le dépotoir.

MARIE

Vient un temps où y te reste même plus ton bijou de famille, parce que l'amour... ?

JOSEPH

T'as plus de désir. L'amour, c'est de la bagosse éventée.

MARIE

Les jours virent, tournent, tu suis comme une girouette. T'as mal aux os, t'as le cœur pendu aux tripes, tandis que ton âme, si t'en as jamais eu une, te file entre les doigts avec le goût de vivre. Tu serais ben dans une poubelle.

JOSEPH

Jusqu'au moment où le Prince apparaît. Y soulève le couvercle : « Veux-tu partir en voyage avec moi sur mon cheval blanc ? »

MARIE

« Oui, mon Prince, je t'attendais. »

JOSEPH

« Viens. »
(Pour les deux répliques suivantes : effet d'écho sur enregistrement.)

MARIE

« Emmène-moi. Adieu ! Adieu poubelle, belle, bell, bel, bel… el… »

JOSEPH

« Brûlez mon ligne, je monte au ciel, ciel, ciel… el… » *(Fin écho.)*

MARIE

Partis ! pftt… sur l'erre d'aller !

JOSEPH

Regarde, c'est eux autres qui passent au-dessus, comme des outardes qui volent vers le sud. T'entends le bruit, les cris, les ailes qui flattent le vent pour glisser mieux ? T'entends ?

MARIE

Non.

JOSEPH

Moi non plus. C'était un mirage.
(On entend sonner l'horloge de l'hôtel de ville.)

JOSEPH

Le temps passe.

MARIE

Pas vite.

JOSEPH

Suffit de le tuer.

MARIE

Y a la peau coriace… Y vient toujours à ressusciter.

JOSEPH

Au séminaire, y nous apprenaient qu'un oiseau se brûlait sur un bûcher pour mieux renaître de ses cendres. C'était la fable de l'oiseau-phénix, sans commencement ni fin, l'oiseau-temps.

MARIE

Temps frais, temps mort, temps couvert, temps passé. Tentation, tendresse !

JOSEPH

(Déclamatoire.) « Parle-moi de la tendresse du matin qui éclot et de la chaleur de ton sein rond. »

MARIE

(Rigolant.) Où t'as pêché ça ?

JOSEPH

J'écrivais des guimauves, quand j'étais pensionnaire.

MARIE

Au collège des Pères ?

JOSEPH

Oui. Et ensuite quand j'étais en communauté.

MARIE

T'es entré en religion ? Es-tu fou ? Où ça ?

JOSEPH

Au Monastère de la Justice. *(Il rit.)*

MARIE

Je saisis pas ta farce.

JOSEPH

En prison ! Le vrai cachot, là, pas le cloître. La liberté pognée au collet, comme un lièvre.

MARIE

Ah ! on est tous plus ou moins en prison, dès qu'on est pas dans la majorité.

JOSEPH

Vrai ! La société, c'est un moule. Avise-toi pas de déborder, tu vas te faire rogner ce qui dépasse, comme une croûte de tarte.

MARIE

La vieillesse aussi, c'est une prison. Tu perds, jour après jour, la jouissance de tes membres, de ton esprit, de tes sens. T'es privé du meilleur d'être à mesure que tes années minotent. Tu diminues à vue d'œil.

JOSEPH

Je te jure, Marie, j'ai rapetissé depuis que je suis vieux. De partout. Vrai, vrai! Comme une vieille pomme qui plisse.

MARIE

Quand on a été une belle pomme ben ronde et ben lisse, croquante et juteuse! T'es molle, t'es ratatinée, t'as plus de jus. Juste si t'es pas transparente. Que c'est donc réjouissant!

JOSEPH

Ah! ça vient avec l'âge, ça aussi. Y a un beau mot pour ça : la décrépitude. Ça se décline : je décrépis, tu décrépis... nous décré-pissons, ça devient drôle, tu vois?... Ils décrépissent... Pissant!

MARIE

Ça me fait penser : la sénilité, c'est le retour à l'enfance, c'est-y assez bizzare? Pourquoi on devient si moche d'abord?

JOSEPH

C'est fait exprès, tu sais. Pour qu'on ait honte de vieillir. Quand est-ce que t'as vu un vieux tout nu, comme sex symbol dans une revue?

MARIE

Joseph, sois pas grivois, je t'en prie.

JOSEPH

C'est un exemple, ben évident. Penses-tu! j'ai de la misère à me regarder tout nu devant mon miroir.

MARIE

C'est vrai que ça frappe quand tu penses que le miroir, lui, y se rappelle quand t'étais rose et veloutée, moulée comme une Vénus de marbre.

JOSEPH

L'idéal, ça serait que les vieux virent en statue de sel. Y bougent plus. Y dérangent plus. Y existent plus. D'un coup, y sont inoffensifs. Absents. Pleins de pilules. Y sont morts, mais y respirent. Par habitude. Tu les vois, dans les maisons d'accueil, comme nous autres, en rangs d'oignons, les yeux grands ouverts, la lèvre pendante, les mains branlantes, rivés au fauteuil délavé, comme eux autres, en chapelle ardente. La vie s'en moque, c'est le suicide à petit feu. Aujourd'hui plus qu'hier mais bien moins que demain.

MARIE

Tais-toi, Joseph, tais-toi. C'est tellement épeurant, cette absence-là !

JOSEPH

J'ai attendu ben longtemps que le noir sorte de moi. Pour qu'y fasse clair dans mon paysage. Mais chaque fois qu'y venait une éclaircie, c'était encore plus sombre après. Et le trou s'agrandissait, devant moi. Même le soleil et le beau temps, ça pouvait pas remplir le vide. Toujours tout seul avec mon manque. C'est quoi ça, l'absolu, qu'on cherche, peux-tu me le dire ?

MARIE

Si je le savais, je serais célèbre. Mais aussi, j'ai gratté les fonds de tiroirs de mon âme pour essayer de trouver. Y avait rien. Rien. Juste le vertige du néant. Ça m'a tellement fait peur que j'ai fermé boutique. J'ai plus vu, plus entendu, je me suis laissé porter par le courant. Oh ! mon homme, qu'y a des remous, des rapides, des chutes et des roches ! J'en avais mal aux quatre coins tellement j'étais pourrie de poques. Que j'y ai donc goûté à la vie ! Une vraie farce.

JOSEPH

Personne vieillit par plaisir. Tu passes ton existence à ça, vieillir. Quand t'es jeune, t'es rien qu'une graine de vieux. Je voudrais ben pas souhaiter ça à personne, mais tout un chacun y passe. Tant mieux si t'es riche, t'auras une chaise roulante motorisée dernier modèle. Pis ton cercueil sera en métal pour te mettre à l'abri des vers... Tu penses ? Y sont déjà en dedans de toi les vers quand tu meurs. Y attendent que le moment de proliférer. Ça vient par millions. Comme les piranhas qu'on voit dévorer un cochon en deux minutes à la TV.

MARIE

Ferme-toi, Joseph, je te le répète, tu m'écœures avec tes atrocités. Je veux pas penser à après. De toute façon, ça pourra pas être pire que ce que j'ai vécu avant, ça me console. Ça fait que de l'autre bord, je serai pas surprise, ça sera comme hier.

JOSEPH

Je te dis, je te dis, je te dis. On philosophe comme Socrate. Dommage, y a personne pour nous entendre. T'es vieux, tais-toi !

MARIE

Pourtant, on aurait un paquet d'affaires à raconter.

JOSEPH

Je pense que c'est les Chinois qui disent qu'un vieux qui meurt c'est un grand livre qui disparaît.

MARIE

Ah ! les sacrés Chinois, on s'imagine qu'y savent pas faire autre chose que du chop suey. Y ont même inventé le spaghetti.

JOSEPH

Ben non, c'est italien, pousse pas, Marie.

MARIE

C'est italien oui, mais ça vient de la Chine, je l'ai vu dans un livre de cuisine épais de même. *(Geste.)*

JOSEPH

Ben, j'en aurai appris jusqu'au bout.

MARIE

Tu sais, c'est à décourager le yable de voir tout ce qu'y a à apprendre, quand tu vois le peu qu'on sait. Même les savants sont ignorants.

JOSEPH

Ce qui fait que Jos Connaissant connaît rien.

MARIE

Qui ?

JOSEPH

Pic de la Mirandole était supposé tout savoir. Dans ce temps-là, les gens étaient plus crédules qu'à c't'heure.

MARIE

Oh ! On se fait emplir encore. Surtout les vieux. On essaie de nous faire accroire n'importe quoi pour nous faire peur. Comme si on était des catins qu'on bourre avec de la paille. Même quand tu demandes rien à personne, y a toujours quelqu'un pour te proposer quelque chose.

JOSEPH

Ouais ! Y a la solitude qui arrive en plus, comme un cadre qui aurait pas de portrait dedans. Ça, ça arrange pas ton problème. Te v'là une crotte de chien.

MARIE

Tu te retrouves au milieu de l'océan de la ville grouillante de gens pressés qui font semblant de pas te voir.

JOSEPH

Y ont ben trop peur que tu leur tendes la main.

MARIE

Ben quoi ! En plus d'être pauvres, y sont vieux ! Qu'est-ce qu'y attendent pour mourir ! Ouche ! Faites de la place aux jeunes !

JOSEPH

En Chine, y ont des mouroirs pour les vieillards. Sont tous parqués là, jusqu'à ce que le fil casse... Y se regardent de leurs yeux bridés en se demandant à qui ce sera le tour aujourd'hui.

MARIE

Exactement comme nous autres au foyer, les yeux bridés en moins. Buvons, buvons, pour effacer la vie. *(Ils boivent un grand coup.)*

JOSEPH

(Sortant de leur digression.) Tu leur as dit, au foyer, que tu partais ?

MARIE

J'ai laissé un mot sur mon oreiller. Toi, tu les as prévenus, tes...

JOSEPH

Pas un signe, c'est pas de leurs affaires. Qu'y me cherchent !

MARIE

C'est à leur tour de se faire des cheveux blancs.

JOSEPH

Penses-tu ! Une couple de petits vieux de moins, ça va faire de l'air pour les suivants. T'inquiète pas, y a toujours une liste d'attente. La vieillesse, Marie, ça prend pas de vacances, ça t'est donné en prime, veux, veux pas. Y aura toujours des vieux.

MARIE

(Triste.) Vieillir, c'est regretter d'avoir été belle, jeune et souple comme un gant de chamois. J'aime pas ça, c'est dégoûtant.

JOSEPH

Pourtant, l'insolence de notre jeunesse nous avait fait croire, à nous autres aussi, que la déchéance nous atteindrait jamais.

MARIE

Oh ! j'ai ben essayé de me battre.

JOSEPH

À quoi ça sert ? Don Quichotte a pas réussi lui non plus.

MARIE

Ce qui revient à dire qu'en venant au monde, t'es attachée à ton amarre. Plus tu tires plus tu t'étrangles.

JOSEPH

Pis, comme on est là, on est rendus au bout de notre laisse, Marie.

MARIE

On tourne en rond depuis déjà ben des saisons passées, hein ?

JOSEPH

Ça revient toujours à la même chose, comme quand j'étais à Bordeaux. T'es pas libre. Tout est écrit d'avance, même quand t'es sorti de ton cachot. La société, la prison, la vie, c'est la même maudite affaire. Juste un carcan, pis un bout de câble pour mieux te pendre.

MARIE

Si on pouvait pas venir au monde !

JOSEPH

Là encore, le hasard a tout fait.

MARIE

Ben oui, si, si, si.

JOSEPH

Y te reste à choisir laquelle des prisons tu préfères.

MARIE

À tout prendre, je préfère quand y a pas de barreaux aux fenêtres. Quand t'es dehors...

JOSEPH

Au moins, y a le vent, la pluie, l'air ! Renfermé, t'en viens à rêver de mares d'eau, de suie et de sloche, à force de compter des rangées de barres de fer.

MARIE

Comment on peut obliger ses semblables à moisir dans une cellule ? On est donc ben écœurant, le monde !

JOSEPH

L'indécence est dans le regard des passants, pas dans les gestes que tu fais.

MARIE

Bande de sauvages qu'on est. Je nous haïs assez, des fois.

JOSEPH

Ça nous emmieute pas pour autant.

MARIE

Si ça peut te consoler, moi itou, j'y ai goûté au trou.

JOSEPH

Ça m'aurait étonné que t'aies pas eu ce privilège-là en récompense de tes bons et loyaux services.

MARIE

On m'a offert des vacances à l'ombre ! Oui, Joseph.

JOSEPH

Y avait plus de place au soleil, ben sûr.

MARIE

C'était pour mon bien.

JOSEPH

Ben quiens !

MARIE

Qu'est-ce que t'avais fait de travers ?

JOSEPH

Oh ! je me prenais pour un moineau, tout naturellement, je volais un peu. Toi ?

MARIE

Oh ! bien... je faisais un peu le trottoir comme disent les Parisiennes. *(Ils rient. Ils boivent, puis remplissent leurs verres.)*

JOSEPH

On rit ben, mais à force de rien avoir à toi, tu finis par croire que tout t'appartient. La pauvreté a ça de bon qu'elle arrive à te convaincre que ce que t'as pas, tu dois le prendre... sans te faire prendre.

MARIE

Y a-t'y quelque chose de moins nuisible que baiser ? Ça remet tout le monde au même niveau. Horizontal ! Tu prends une dose par ci par là, c'est les risques du métier. Une danseuse se foule ben les chevilles !

JOSEPH

Mais ça reste un péché pareil, même si la religion a pris une débarque.

MARIE

Ça fait que c'est la vie qu'y faudrait fourrer en dedans, puisqu'elle passe ta vie à te prendre tes illusions, tes châteaux, tes larmes, tes soupirs, tes entrailles est béni...

JOSEPH

... en prenant ben garde de te laisser l'écœurement intact.

MARIE

Suffit d'UNE fausse manœuvre, tu culbutes d'un extrême à l'autre du jour au lendemain.

JOSEPH

Pis, comme t'as jamais vu rien ni personne tomber en remontant, tu prends la plonge. Splash... *(L'éclairage isole chacun dans sa lumière.)*

MARIE

La première chose que j'ai sue, j'étais en famille.

JOSEPH

Je me suis levé ce matin-là, les sangs virés à l'envers.

MARIE

J'étais heureuse comme une folle; j'avais là *(désignant son ventre)* le fruit défendu.

JOSEPH

Pâmé, j'étais pâmé au coton, les quatre fers en l'air.

MARIE

J'étais en amour par-dessus la tête avec Roméo.

JOSEPH

J'avais rencontré Juliette la veille.

MARIE

Quand j'y ai annoncé la nouvelle, y est venu blême de rage.

JOSEPH

J'ai pas pu résister, y a fallu que je la revoie, le soir même.

MARIE

Y m'a dit : « Pas question qu'on se marie. »

JOSEPH

Elle aussi, elle voulait me revoir. On s'est plus lâchés.

MARIE

« Qu'est-ce que je vas faire, pas mariée, Roméo ? »

JOSEPH

« Oui, faut se marier au plus vite, même si on a rien que vingt ans, Juliette. »

MARIE

« C'est ridicule de se faire attraper comme ça, innocente. »

JOSEPH

« On va avoir un enfant, hein ? »

MARIE

« Si t'avais fait plus attention, sans dessein. »

JOSEPH

Ça a par tardé. Après dix mois de mariage.

MARIE

« On a pas le choix, faut t'en défaire au plus coupant. »

JOSEPH

L'accouchement était arrivé. Je courais à droite, à gauche, je tournais en rond, dans mon énervage.

MARIE

J'ai eu la frousse, malgré moi, j'ai pas dit non à Roméo, je l'aimais.

JOSEPH

Elle souffrait puis elle se calmait. C'était pas endurable.

MARIE

Y m'a dit : « Arrange-toi, moi, je disparais si tu fais ce flo-là. »

JOSEPH

La belle-mère était aussi excitée que moi, pas de service...

MARIE

« Connais-tu quelqu'un qui... ? »

JOSEPH

« Le docteur qui arrive pas... Y le fait exprès, on dirait. »

MARIE

Le lendemain, Roméo m'a dit : « J'ai une adresse. Pas un mot à personne. »

JOSEPH

La sonnerie de la porte. « C'est lui. »

MARIE

« Donne-moi le papier, je vas y aller. »

JOSEPH

« Docteur, vite, dépêchez-vous. »

MARIE

Une heure de tramway pour me rendre.

JOSEPH

« Du calme, mon jeune. »

MARIE

« J'ai le goût de revenir chez nous… J'ai peur. »

JOSEPH

« C'est mon premier, docteur. »

MARIE

« Les dents me claquent dans la bouche. Les sueurs m'abîment. »

JOSEPH

« J'ai les genoux comme de la guenille. Je vas faire de la toile. »

MARIE

Je me retrouve devant une femme échevelée ! À moitié éden-
tée ! La faiseuse d'anges.

JOSEPH

Juliette s'accroche à moi. « J'ai peur, Joseph. » « Mais non, je
suis là. »

MARIE

« Tiens, ma fille, bois ça, ça va te calmer les narfes. »

JOSEPH

Les linges blancs, les bassines d'eau, les outils...

MARIE

La chambre sans fenêtre, les torchons, le pot de faïence...

JOSEPH

Et puis des essoufflements, des plaintes, des sursauts !

MARIE

Les cuisses écartées, des flèches qui m'entrent dans le corps.
« Aïe. »

JOSEPH

Le bébé peut pas naître ! « Docteur ? »

MARIE

La vie fuit entre mes jambes. « Aïe ! Roméo ? »

JOSEPH

La déchirure et le sang... « Juliette, je te demande pardon. »

MARIE

Comme si elle m'arrachait le sexe à la racine. « Arrêtez ! »

JOSEPH

Les convulsions, les bras qui se tordent, et la tête qui paraît...

MARIE

Je vois que la face plissée qui grimace, tandis que ses mains crochues labourent ma chair.

JOSEPH

Ses ongles m'entrent jusqu'aux os. Des cris, comme une morsure. « Juliette ! »

MARIE

Une brûlure me darde. Maman ! Ça fait mal. AH ! *(Un grand cri.)*

JOSEPH

(Temps. À mi-voix.) « Juliette... » L'enfant vient de glisser dans le sang et l'eau gluante.

MARIE

Plus rien que la vieille maculée qui tient un plat de granite rougi.

JOSEPH

Un petit cadavre bleu, inerte, étranglé.

MARIE

Et moi, ouverte et mutilée. Je frissonne.

JOSEPH

La main de Juliette est devenue lourde et tiède.

MARIE

Le souffle reprend le dessus sur la douleur.

JOSEPH

Le cœur a éclaté, Juliette est morte, avec mon fils.

MARIE

Je rentre dans le monde en charpie.

JOSEPH

Un cauchemar de fleurs rouges partout sur le lit.

MARIE

Ma carcasse humiliée retrouve la route, vidée de sa semence.

JOSEPH

Un silence épais tout autour de notre chambre.

MARIE

Une panique aux tempes et un dégoût saumâtre aux lèvres.

JOSEPH

L'amour m'a sevré de mon existence.

MARIE

Plus jamais l'amour, jamais, jamais.

JOSEPH

Maintenant le souvenir, la tendresse bafouée par la rancœur.

MARIE

Maintenant l'oubli, la tombée du jour sur la nuit opaque.
(L'éclairage de Marie s'estompe et celui de Joseph remonte.)

JOSEPH

Je restais abruti. Y avait ni pleurs, ni paroles : juste un durcisse-
ment des veines. Je me sentais devenir l'épitaphe qu'y aurait
sur sa tombe. Je venais d'arrêter de croire, de vouloir, de vivre.
Y avait plus travail, ambition, fortune ou pouvoir qui m'inté-
ressait. Le vide ! Le quotidien nu, sans nippe, ni fripe, le jour, le
jour plate, inutile, foutu d'avance. Et moi, dans le fouillis, pouil-
leux, traîne-savates. Une loque, sans luck ni badluck. La loque
que la police arrête, qu'elle bouscule, qu'elle tapoche, qu'elle
pousse en cour le lendemain matin, après l'avoir parquée, pour
la nuit, dans une cage à bêtes chauves, à bêtes mauves !

MARIE

À bêtes puantes ! Puantes comme mon cher Roméo. Parce que,
le comble, c'est que je l'ai jamais revu, le Roméo. Je me retrou-
vais le ventre sec, le cœur sec, le gosier sec, les yeux plein d'eau
à me lamenter sur la crevasse qu'y m'avait laissée quelque part
en dedans, l'animal. Ah ! ce que j'ai pu avaler comme boisson !
Une éponge. Pis je me suis consolée avec n'importe qui. N'importe quoi. Je pouvais pas me guérir de mon équipée : plus je
me soulais, plus j'avais de la peine, pis plus j'avais de la peine,
plus je me soulais. Où tu veux aller, emmanchée de même ?
Tu fais de patinettes sur la cravate, bon gré, mal gré. Swigne la
baquaise, Ave maris Stella, Ô Canada. J'irai la voir un jour.

Mon cœur est un violon, toute la poutine. Comment tu veux pas devenir déboussolée ? Tu cherches ton pôle Nord sans le trouver. Fatalement, j'ai frappé un nœud. Un grand six pieds, en uniforme, avec un revolver pis un bâton. La statue de la Liberté ! La statue a pas fait ni un ni deux, elle m'a embarquée dans le panier à salade, pis j'ai commencé l'apprentissage de la vie en biais sur une ripompette, y avait rien de plus beau. Un vrai feu d'artifice. *(Les lumières redeviennent crues brusquement.)*

JOSEPH
Après, tu te fais ramasser de plus en plus souvent.

MARIE
Ça finit pas l'habitude. T'es récidiviste patenté. La police t'appelle par ton petit nom, même.

JOSEPH
Pis le juge te connaît tellement ben, y te juge d'avance. Ferme ta gueule ! Le juge, y robine pas, pourquoi tu robinerais, toi ? Hein ? Qu'est-ce que t'as à dire à ça ?

MARIE
C'est au nom de la Justice.

JOSEPH
C'est au nom de l'Ordre.

MARIE
C'est au nom de la Morale.

JOSEPH
C'est au nom de la Majorité.

MARIE
C'est au nom du Père et du Fils et du Saint-Esprit.

JOSEPH
Ainsi soit-il !

MARIE
Moi, Marie, j'vas te dire : la Justice a pogné le sida.

JOSEPH
Pas étonnant, Joseph, tout le monde couche avec.

MARIE

Ben bon pour elle! Dans le cul. *(Il fait le geste avec son doigt. Ils se regardent tous les deux et éclatent de rire en levant leurs verres et en buvant un bon coup.)*

JOSEPH

On en a raconté une bonne tranche là, hein?

MARIE

On s'est laissé emporter par le courant, on a drivé au large.

JOSEPH

Fait rien, fallait se le dire.

MARIE

On se connaît mieux, à c't'heure.

JOSEPH

Raison de plus pour voyager ensemble.

MARIE

Mouillons ça! On a le temps pour l'autre bouteille. *(Elle va la chercher.)*

JOSEPH

C'est toi qui payes la traite, gêne-toi pas.

MARIE

Là, je m'ennuie de partir. Le temps rallonge, on dirait, tu trouves pas?

JOSEPH

Espère! Espère! On peut pas dire notre chapelet, quand même.

MARIE

Ouais! *(Elle verse à boire. Un temps.)* Si on faisait comme à l'école? Des brimballes, des foleries.

JOSEPH

Propose un jeu. Tu t'en souviens?

MARIE

(Énumérant.) La tye malade, la cachette, le drapeau, colin-maillard…

JOSEPH

Le père et la mère.

MARIE

Je te vois venir avec tes gros sabots. *(Donne le verre.)* Tiens !

JOSEPH

Le docteur.

MARIE

Ça va revirer pareil.

JOSEPH

Le mari et la femme...

MARIE

(Le coupant.) Si on se mariait !

JOSEPH

Pour vrai ?

MARIE

On joue, voyons.

JOSEPH

Avec quoi ?

MARIE

Comment avec quoi ?

JOSEPH

Ben, on a ni prêtre, ni ministre, ni rien.

MARIE

(Regardant autour.) Ben, y a la statue décapitée.

JOSEPH

(Il prend la statue et la pose sur la table. Puis il désigne les trois.) La Sainte Famille : Jésus, Marie, Joseph.

MARIE

Priez pour nous, grafignez les autres.

JOSEPH

(Désignant le portrait d'ancêtre.) Pis y a pépère comme témoin.

MARIE

Tu sais les formules ?

JOSEPH

N'importe quoi va faire. *(Désignant la caisse de bois.)* Y a ce qu'y faut là-dedans. *(Il ouvre la caisse et prend un livre puis l'ouvre au hasard. Il lit.)* « Te voilà belle, ma grande amie, te voilà belle ; tes yeux sont comme deux colombes. »

MARIE

(Lisant.) « Te voilà beau, mon bien-aimé ; que tu es agréable ! Aussi notre couche est verdoyante. » C'est un genre.

JOSEPH

(Lisant.) « Qu'est ton bien-aimé plus qu'un autre, ô la plus belle d'entre les femmes. »

MARIE

Pousse pas. *(Lisant.)* « Mon bien-aimé est blanc et vermeil, il porte l'étendard au milieu de dix mille. » Hon ! « Ses mains sont comme des anneaux d'or, où il y a des chrysolites enchâs- sées... *(Elle a envie de rire.)* ... son ventre est d'ivoire poli, couvert de saphirs. » Ah ! ça devient pas mal gênant.

JOSEPH

(Lisant.) « Ton nombril est comme une tasse ronde, toute comble de breuvage ; ton ventre est comme un tas de blé entouré de muguet ! Tes deux mamelles sont comme deux jeunes faons jumeaux d'une chevrette. »

MARIE

Ah ! Joseph, veux-tu ben me dire ce que c'est que ce livre-là ?

JOSEPH

(Regardant le titre.) Ça s'appelle *Marie Calumet.* D'un dénommé Rodolphe Girard.

MARIE

« Marie Calumet veut se marier, avec l'engagé de monsieur le curé ?... » C'est là-dessus qu'on va jurer ?

JOSEPH

Pourquoi pas ?

MARIE

Oh! moi, je jurerais aussi ben sur le bottin du téléphone.

JOSEPH

On jure quoi?

MARIE

(Prenant les fleurs dans ses mains.) La pauvreté, la chasteté, comme les toupies.

JOSEPH

Les toupies?

MARIE

Les moines! *(Tête de Joseph.)* Excuse, je l'ai pas fait exprès.

JOSEPH

Encore une comme ça, ça pourrait être un empêchement de mariage.

MARIE

Je le ferai plus.

JOSEPH

Promis?

MARIE

Je, Joseph...

JOSEPH

Je, Marie...

ENSEMBLE

Je jure pauvreté et chasteté...

JOSEPH

... à Marie.

MARIE

... à Joseph.

JOSEPH

Ainsi soit-il. *(Ils s'embrassent.)*

MARIE

(Lançant son bouquet.) À qui la chance? *(Elle prend son verre et le lève.)* À la santé des mariés.

JOSEPH
(Trinquant.) À leurs nombreux enfants !

MARIE
Et petits-enfants !

JOSEPH
Et arrière-petits-enfants.

MARIE
Jusqu'à la centième génération !

JOSEPH
Que le bon Dieu vous bénisse, que le yable vous charrisse !

MARIE
Bonne année, grand nez, pareillement grandes dents !

JOSEPH
La police pas de cuisses numéro trente-six !

MARIE
(Chantant.) Habitant chien blanc, amoureux chien bleu...

JOSEPH
As-tu vu passer mon p'tit chien pas de queue ?

MARIE
Les tétons des sœurs...

JOSEPH
... la pissette à monseigneur...

MARIE
... as-tu vu passer monsieur le curé bandé ? *(Ils rient et vident leurs verres.)*

JOSEPH
(Partant.) Excuse-moi, trop de liquide. *(Il sort.)*

MARIE
(Elle se verse un verre.) Joyeux Noël ! Happy birthday ! Bon voyage ! Many happy returns ! Le paradis à la fin de vos jours ! God shave the queen ! (Elle boit. Puis elle fait quelques pas et avise le landau avec la poupée. Elle s'en approche et touche la poupée avant de regarder le portrait d'ancêtre auquel elle s'adresse*

ensuite.) Tu t'ennuies pas, pépère, à jouer à la poupée, accroché comme un calendrier passé date? C'est ce qui arrive quand t'es vieux, tu prends le bord, hein? Ton portrait est rendu dans le hangar, pépère, mais toi, où tu t'es retrouvé? *(Prenant le ton vieux gaga.)* Au bel hospice des vieillards avec tous les vieillards qui tremblotent, qui bavotent, qui radotent et qui vivotent? Ou ben dans un grand hôpital blanc, attaché sur un lit en fer blanc, entouré de gardes en blanc, à passer des nuits blanches, à te faire des cheveux blancs? T'es peut-être en chaise roulante, aveugle, pas de jambes et sénile?

(Redevenant normale.) Non, t'es ben trop ancien pour ça, pépère, t'es déjà mangé par les vers, toi. Y a pas si longtemps, pourtant, tu trônais dans le salon, chaque côté du piano, avec ta vieille. Tu l'as perdue en route, ta moitié, hein? Ouais! on meurt par morceaux. Jusqu'à ce qu'y reste juste une photo de ton visage. Pépère, tu tiens rien qu'à une broche, à c't'heure. Quand elle cassera, ça sera vraiment ta fin. Pour l'éternité. T'auras pas compris ce qui t'es arrivé seulement. Mémére s'est écartée de son pépère, ou mémère a remplacé son pépère parce qu'y est parti trop tôt? C'est le nouveau qui est installé sur le mur à la place? Pis après, hein, pépère? Quand on est crevé, sa mémère et son deuxième pépère? Bah! Pourquoi garder des images vivantes du monde qui sont morts? *(À elle-même.)* Pourquoi garder des images mortes du monde qui sont vivants? *(À pépère.)* Pourquoi, pépère, tu le sais? Tu cherches encore, toi itou? C'est terrible de jamais avoir la réponse à ses questions. À croire que la création est faussée au départ. Qui c'est qui a fait l'erreur? *(Montrant le ciel.)* Lui?... Ou ben nous autres? C'est ça, y a pas de réponse. *(Elle boit et se sent envahie par la tristesse. Trinquant.)* À la vieillesse, pépère! À la prison de nos âges!

(Elle se promène un moment en luttant contre les larmes. Elle avise une caisse qu'elle ouvre et en retire des morceaux de vêtements. Puis elle en sort un voile de communiante qu'elle pose sur sa tête. Elle parade. Une musique d'orgue débute et l'éclairage arrive d'un vitrail d'église.) La voûte de l'église résonnait d'orgue qui tombait sur la tête en gouttes. Tu t'avançais les mains jointes, dans ta robe immaculée, sous ton voile flottant avec une couronne fleurie. T'allais vers la balustrade t'agenouiller pour recevoir le prodige unique que les religieuses

t'avaient annoncé. T'en avais les mollets qui flanchaient d'énervement. T'avais mal au cœur, t'avais envie de pipi, t'avais peur de pas faire ça comme y faut. Quand tu tirais la langue, en fermant les yeux, t'attendais le miracle. Tu manquais de salive, ça te collait au palais et tu craignais de t'étouffer. Ça finissait par passer, à force de simagrées. Là, tu te relevais et tu marchais comme un ostensoir de procession. Y te semblait que des armées de péchés te couraient après dans les allées. Tu te dépêchais de t'abîmer dans tes actions de grâces. Tu rêvais de jeûne dans le désert, de flagellation avec des verges, de martyre sur le bûcher, de canonisation et d'odeur de sainteté. Pour un peu, t'aurais levé dans les airs, marché sur les eaux ou guéri les lépreux. Tu l'avais en toi, la grande magie promise. Ça durait aussi longtemps que ton innocence. Puis, tu oubliais, tu commettais des fautes, tu t'accusais, tu recommençais, c'était la chaise honteuse ! Pis, ton voile allait dans la naphtaline tandis que tu découvrais que Dieu s'était fait homme. Un soir de pleine lune, tu reprenais tes tulles dans le coffre et tu les étendais grands ouverts à la brise. Tu nageais en plein bonheur sur la mer calme et lisse de tes vingt ans !... Pis, vlang ! le vent tournait et d'un coup ta voilure de noces était déchirée d'un accroc de sang par l'homme que t'aimais. Adieu voiles, tulles et pureté. Te v'là échouée sur le flanc, le bec à l'eau, ton radeau nuptial a coulé à pic ! De quoi t'as l'air dans tes dentelles et tes jupons souillés, habillée en novice qui va prononcer ses derniers vœux, déguisée en fiancée ? *(Elle marche pendant que la musique monte et que l'éclairage change. La musique restera en sourdine. Joseph revient en scène et aperçoit la fin de la scène de Marie.)*

JOSEPH
À quoi tu joues ?

MARIE
Je suis la fiancée.

JOSEPH
Tu ressembles à Juliette, comme lorsque je rêve à elle. *(Il va vers Marie et tente de la toucher.)*

MARIE
(Jouant Juliette.) Touchez-moi pas.

JOSEPH

C'est Joseph, ton mari.

MARIE

(*Riant.*) Une vieille barbe comme vous ? Vous avez pas honte ?

JOSEPH

Ris pas, Juliette, c'est moi, je te jure.

MARIE

Toi, Joseph ? Joseph, c'est un beau garçon, fort, tendre. Vous devriez rougir.

JOSEPH

C'était moi, j'ai été ça. Maintenant, je suis vieux, mais...

MARIE

Mais moi, je suis toujours belle et jeune.

JOSEPH

(*Le prenant dans ses bras.*) Juliette, y a si longtemps que je veux te retrouver.

MARIE

(*Se dégageant.*) Laissez-moi, espèce de dégoûtant. Qu'est-ce qui vous prend de vous attaquer aux demoiselles, satyre !

JOSEPH

Juliette, t'es ma femme. Tu l'as promis tantôt.

MARIE

Je l'ai juré à Joseph, c'est lui que j'aime.

JOSEPH

(*La prenant.*) C'est moi, Juliette. Je t'emmène avec moi. Je t'aime.

MARIE

(*Se débattant.*) Lâchez-moi ! Lâchez-moi ou je crie au secours.

JOSEPH

Appelle, appelle. Je leur dirai que t'es ma femme et que tu refuses de revenir à la maison avec ton mari.

MARIE

Vous me faites mal.

JOSEPH

Viens, Juliette, j'ai besoin de toi, j'ai envie de toi, je veux faire l'amour avec toi. *(Il la caresse et l'embrasse.)*

MARIE

(Se débattant toujours.) Vieux cochon, allez-vous-en.

JOSEPH

Juliette, je veux revivre notre nuit de noces. *(Il l'entraîne vers le matelas.)*

MARIE

(Criant.) Maniaque, je vous déteste.

JOSEPH

(Tentant de la dévêtir.) Juliette, je veux coucher avec toi. *(Il embrasse son épaule découverte.)*

MARIE

(Le giflant.) Vieux vicieux !

JOSEPH

(Décontenancé.) Juliette !

MARIE

(Hurlant.) Je suis pas Juliette !
(La musique cesse et l'éclairage devient cru.)

JOSEPH

(Abasourdi.) J'étais rendu trop loin. Juliet... Marie, excuse-moi.

MARIE

(Troublée et replaçant sa robe.) Faut arrêter ça, Joseph. C'est dangereux.

JOSEPH

(Buvant.) J'ai pas voulu...

MARIE

(Buvant à son tour.) Parlons-en plus, j'ai fini de jouer.

JOSEPH

Mais non, Marie, pourquoi ? Je te promets que je recommencerai pas.

MARIE

Non, je te l'ai dit, c'es trop risqué ces jeux-là, arrêtons. Ça m'effraye.

JOSEPH

Y a aucun danger, voyons, on s'amuse. Vas-y, continue.

MARIE

Je veux pas, Joseph. Je suis plus capable, j'ai trop peur.

JOSEPH

(La provoquant.) Faut pas, Marie, faut pas. Continuons à jouer. Continuons la scène. Vas-y, engueule-moi.

MARIE

J'ai pas envie.

JOSEPH

Oui, Marie, faut tuer le temps, on a pas le choix ! Vas-y !

MARIE

Arrête, Joseph, laisse-moi tranquille.

JOSEPH

(Ne lâchant pas.) Vas-y ! Envoye, espèce de jalouse, de chiâleuse, de grosse épaisse !

MARIE

Joseph, je t'en supplie, cesse de m'achaler. Je veux pas, je veux pas.

JOSEPH

T'es rien qu'une vieille ordure qui a traîné dans tous les déchets de la terre.

MARIE

(Au bord des larmes.) Je te défends de me crier des noms.

JOSEPH

Tu m'écœures, t'es rien qu'un restant de putain. T'es pourrie.

MARIE

Tais-toi, je veux pas t'écouter.

JOSEPH

T'es sale comme une truie !

MARIE

(Se bouchant les oreilles.) Je veux plus t'entendre.

JOSEPH

(Lui enlevant les mains.) Je te dis des mots d'amour : Charogne !
(Il la tient par les poignets.)

MARIE

Arrête. J'ai plus la force, arrête.

JOSEPH

On est pas encore rendus au bout. Continue ! Vache ! Chienne !
Ti-kiss ! Ti-kiss !

MARIE

(En larmes.) Salaud ! Vaurien ! Vidanges ! *(Il lâche ses mains.)*

JOSEPH

(Triomphant.) Bravo, tu l'as ! Encore !... Vieille peau ! Vieille
guédoune !

MARIE

Maquereau ! Soulon !

JOSEPH

Ma chérie ! mon amour !... Ma belle morue qui pue !

MARIE

(Allant de plus en plus dans la haine.) Je pourrai jamais te crier
assez fort que je t'haïs. Je veux plus te voir, je veux plus t'aimer.

JOSEPH

(Criant aussi fort qu'elle.) Je t'aime, ma guenon, ma libellule.

MARIE

Y a plus jamais un homme qui va me toucher, tu m'as compris ?
Jamais !

*(Les deux répliques très longues qui suivent sont dites simulta-
nément par les deux comédiens. Le texte de Joseph en sourdine.)*

JOSEPH

T'es ma jument, ma tigresse, ma porte de grange, mon vase
de nuit, ma tirelire, mon géranium, ma gonorrhée, mes deux
fesses, mon chérubin, ma grande ourse, mes oreillons, ma peau

de chèvre, mon alambic, ma chinoise, mon hôpital, mes morpions, ma tarte au sucre, mon frigidaire, mon tapis de plancher, ma lavette, ma perchaude, mon écrevisse, mes hémorroïdes, mon éclair, mon pissenlit, ma vergeture, mon oreiller, mes boutons de culotte, mon bicycle à gaz, ma mâchée de gomme, mon concerto de Bach, ma Vénus de Milo, mon papier carbone, ma revue porno, mon brocoli, mon pois de senteur, ma télévision en couleurs, mon mal de tête, ma mouche à feu, mon orage de grêle, mon vieux trente sous, mon calorifère, mon emplâtre électrique, mon lavabo, mes fausses dents, ma coquille, ma mandoline, mon échalote, ma fringale, mon ascenseur, mes cent piastres, mon arbre de Noël, ma crème à glace, ma pincée de sel, mon écharde, mon soleil, mon urgence, ma pile de journaux, mes nuits d'orgie, ma pivoine échevelée, mon aubergine…

MARIE
(Cette réplique s'enchaîne avec la précédente réplique de Marie qui se termine par: jamais.) Je vas devenir féministe, je vas virer lesbienne, je vas me promener avec une pancarte dans tous les bordels pour leur dire de cesser de faire les paillasses! Je veux que les gars pâtissent jusqu'à avoir les couilles sèches. Je veux qu'y bavent de désir, qu'y crèvent de remords, de chaudes pisses, de cancer, de castration. De toutes façons, y en a toujours trop, d'hommes. Pis les maudites folles, c'est nous autres qui les ont tous faits, du premier au dernier, à part ça. Qui c'est qui nous a planté c't'emmanchure de matrice-là dans le ventre pour l'amour du saint bon yeu? On peut jamais être femme sans être mère! Moi, j'en ai assez! Maman a fait son apprentissage là-dedans, essayez pas d'y en montrer. Je suis capable d'en prendre: emmenez-en des bébés avortés, maman est pas barrée à quarante. Maman a la porte grande ouverte comme le Forum un samedi soir de hockey. Aïe! les gars, y a pas de gêne, premier arrivé, premier servi! Envoyez fort! Scorez! Maman est là pour ça. Elle fait le service au comptoir. Maman s'en sacre, elle sent rien. Comme une botte de foin qu'elle est, maman! *(Elle devient pathétique et désespérée.)* Maman a un caillou gros de même à la place de la forçure! Une motte de glaise sèche au lieu du cœur! Maman

a un bloc d'acier trempé dans le ventre ! Maman a un essaim de vers de terre dans la tête ! Maman est écœurée ! Maman est morte, maman est vidée, maman est en train de venir folle ! Maman est malade ! Maman est rendue au boutte ! Maman est capotée ! Maman ! Maman ! Maman ! Maman ! Maman ! *(Elle appelle de façon hystérique.)*

JOSEPH

(Cessant sa litanie.) Marie ! Marie, voyons, calme-toi. Qu'est-ce qui t'arrive ? *(Il va pour la toucher.)* Marie !

MARIE

Touche-moi pas Roméo.

JOSEPH

(Essayant de la calmer.) Tu t'es fait déjouer par le jeu, Marie !... *(Elle pleure.)* Marie, c'est fini. T'as eu un mauvais rêve ! C'est passé.

MARIE

(Elle sort de son monde et regarde Joseph un moment.) T'es là Joseph !

JOSEPH

C'est fini ! Je suis là ! Regarde autour, c'est comme avant !

MARIE

J'ai eu le vertige, j'ai perdu mon chemin, comme tantôt.

JOSEPH

(Lui tendant son verre.) Tiens, bois, ça va te remettre. *(Elle boit.)*

MARIE

J'ai pris une débarque, là !

JOSEPH

(Prenant son verre et buvant avec elle.) Prenons un bon coup !

MARIE

(Ayant bu.) J'ai chaviré sans m'en rendre compte.

JOSEPH

Oublions ça !

MARIE
(Elle se jette dans ses bras.) Fais-moi danser, au lieu.

(La musique commence comme une lente chose triste sur laquelle ils dansent. Elle se transforme peu à peu en un mouvement de rumba tandis qu'une boule de miroirs dissimulée dans les cintres envoie ses reflets en tournant. Il y a un bruit de foule et l'éclairage est très dancing des années 40.)

JOSEPH
Vous dansez bien, mademoiselle.

MARIE
Vous aussi, monsieur.

JOSEPH
Vous venez souvent ici?

MARIE
Chaque samedi soir. Vous?

JOSEPH
Des fois.

MARIE
Je vous ai jamais vu avant.

JOSEPH
Moi non plus.

MARIE
C'est curieux, hein?

JOSEPH
On peut pas connaître tout le monde.

MARIE
Ben oui!... *(Ils dansent. Temps.)*

JOSEPH
Vous aimez la musique sud-américaine?

MARIE
Ah! ça me donne des frétillements terribles.

JOSEPH
... Faut avoir le sang chaud pour danser ça. Surtout comme toi.

MARIE

Ah! vous me dites des affaires...

JOSEPH

C'est vrai, tout le monde sait ça.

MARIE

Voyons, c'est des racontars, ça. Voir si ça donne plus chaud que les sets carrés. On se démène ben plus.

JOSEPH

Ça swigne plus vite, oui, mais c'est pas le même beat. La rumba, c'est plus sexy!... *(Il la colle.)* Hum? Tu trouves pas?... Ça donne des idées... euh!... je sais pas... Moi, en tout cas, ça m'en donne.

MARIE

Je sens ça, oui. Tu penses fort, hein?

JOSEPH

Je te l'ai dit, tu me donnes des idées!

MARIE

Ah! pis fais-moi pas rougir, là.

JOSEPH

Tu rougis?

MARIE

Fais-le pas exprès.

JOSEPH

Tu dois avoir un petit genre chatte, toi, dans le privé, hein?

MARIE

Je t'écoute pas. *(Ils dansent.)*

JOSEPH

Tu viens danser toute seule?

MARIE

Ben non, j'suis avec ma chum de fille.

JOSEPH

Qu'est-ce que tu fais après la danse?

MARIE
On va aller manger une patate pis un Coke.

JOSEPH
Toi pis ton amie ?

MARIE
Ben sûr.

JOSEPH
J'ai mon char, je peux te faire faire un tour.

MARIE
Où ça ?

JOSEPH
Où tu veux.

MARIE
Ça pourrait être aussi ben en Floride.

JOSEPH
Pourquoi ça serait pas en F...

(La sonnerie de quatre heures à l'hôtel de ville se fait entendre et Joseph ne finit pas sa phrase. Ils se figent pendant que la musique s'en va comme un disque qui « fade out » sur un tourne-disque. La boule de miroir s'en va au ralenti et la lumière redevient peu à peu normale. Joseph et Marie se retrouvent face à face, un peu perdus. Un temps incertain.)

JOSEPH
La rumba est finie.

MARIE
La musique s'est défaite.

JOSEPH
C'est notre heure qui arrive.

MARIE
J'étais déjà rendue loin.

JOSEPH
Y faut partir.

MARIE
Pourquoi revenir, si y faut repartir ?

JOSEPH
C'est la vie !

MARIE
J'ai le cœur qui débat.

JOSEPH
C'est le bonheur ou la peur ?

MARIE
C'est le bonheur ou la peur.

JOSEPH
Le temps est derrière, maintenant.

MARIE
Faut pas bouger, pour rien briser.

JOSEPH
Donnons-nous encore un petit instant. *(Ils ne bougent pas. On entend les bruits de la ville.)*

MARIE
La ville se tue à vivre, tandis ce temps-là.

JOSEPH
(Il fait un pas.) Suis-moi.

MARIE
(Elle regarde.) Oui.

JOSEPH
(Tendant sa main comme au début.) Prends ma main.

MARIE
(Elle le fait et répète le texte du début.) Une main râpeuse et dure, et si grande. On aurait dit de la pierre chaude au soleil. J'ai posé la mienne dedans, toute petite et froide. Puis y a fermé la sienne. Y m'est passé un courant jusqu'à l'extrémité des cheveux... Je me suis mise à trembler... Je restais figée, en baissant le regard, parce que je voyais embrouillé.

JOSEPH

Viens, c'est rien qu'à un arpent. *(Marie suit Joseph lentement. Ils vont faire un grand détour sur la scène.)*

MARIE

Tu vois, j'ai plus peur maintenant.

JOSEPH

Les loups-garous ont jamais existé. *(Temps.)*

MARIE

(Regardant autour.) Y a plus d'arbres dans la sucrerie.

JOSEPH

C'est à cause du progrès. *(Temps.)*

MARIE

De quoi on a l'air dans ce paysage-là ?

JOSEPH

De pépère dans le hangar. *(Temps.)*

MARIE

On pourrait pas s'accoutumer ?

JOSEPH

À quoi ?

MARIE

Au progrès ?

JOSEPH

Aux pilules, aux piqûres, aux calmants, aux somnifères, aux bassines, aux hospices, à l'Alzheimer ?

MARIE

(Terrifiée.) Je veux pas, je veux pas.

JOSEPH

Ou t'aimerais mieux le parc, la robine, le frette, l'assistance sociale, la pension de vieillesse, la prison ?

MARIE

Non !

JOSEPH

C'est la seule place qu'y a pour toi pis moi.

MARIE

Je voudrais seulement un petit coin chaud.

JOSEPH

Y en a pas pour le monde comme nous autres. Y nous reste rien qu'à partir.

MARIE

(Elle arrive aux fleurs par terre.) Y avait les fleurs. *(Elle va pour les ramasser.)*

JOSEPH

Une fois fanées, elles servent plus à rien.

MARIE

(Elle ne les ramasse pas.) Comme toi pis moi. *(Elle le regarde.)*

JOSEPH

Tu vois qu'y nous reste que la fuite.

MARIE

(Elle fait oui de la tête et regarde longuement autour d'elle.) Allons nous préparer. *(Elle part vers le matelas.)*

JOSEPH

(Prenant le voile et le lui tendant.) Ton voile.

MARIE

(Le prenant.) J'oubliais.

JOSEPH

(La prenant aux épaules.) Viens !

MARIE

Avec toi. *(Ils se rendent au matelas puis se retournent une dernière fois.)*

JOSEPH

On est arrivés.

MARIE

Déjà. *(Elle regarde encore une fois derrière.)*

JOSEPH

Regarde plus derrière, on partira pas.

MARIE

(Souriant à Joseph.) Des fois que j'aurais été changée en statue de sel.

JOSEPH

(Souriant.) Pis moi, en courant d'air ?

MARIE

Ça serait trop simple. *(Elle commence à étendre son voile sur le matelas.) (Joseph la regarde faire en souriant.)* Qu'est-ce que t'attends ?

JOSEPH

Je fais durer le plaisir.

MARIE

(Enlevant son chapeau.) Je pense que je peux l'enlever à c't'heure.

JOSEPH

T'en auras pas besoin, je pense.

MARIE

(Elle commence à dégrafer sa robe.) Ben, Joseph, reste pas là, prépare-toi, si tu veux qu'on parte.

JOSEPH

Oui, c'est loin l'Égypte. *(Il enlève sa veste et la pose tout près.)*

MARIE

(Déposant sa robe soigneusement sur la chaise.) J'aime pas ça que mon linge reste à la traîne. *(Elle revient et enlève ses souliers.)*

JOSEPH

(Faisant de même.) Y a des trous dans mes bas.

MARIE

(Allant tourner le portrait d'ancêtre face au mur.) Y a personne qui va s'apercevoir. *(Elle avise la poupée dans le landau. Elle va pour la toucher mais s'en abstient. Elle s'en va rejoindre Joseph. Ils sont maintenant debout de chaque côté du matelas. Ils s'agenouillent lentement pendant que l'éclairage et la musique s'unissent pour donner une atmosphère irréelle. On entend alors l'enregistrement de leurs voix. Effet d'écho.)*

JOSEPH

Veux-tu partir en voyage avec moi sur mon cheval blanc ?

MARIE

Oui, mon Prince, je t'attendais.

JOSEPH

Viens. *(Il l'enlace.)*

MARIE

Emmène-moi. Adieu ! Adieu poubelle, belle, bell, bel... bel...
el...

JOSEPH

Brûlez mon linge, je monte au ciel, ciel, ciel, el... *(Fin de l'enregistrement.)*

MARIE

Partis ! Pftt !... sur l'erre d'aller !

JOSEPH

Regarde ! C'est eux autres qui passent au-dessus, comme des
outardes qui piquent vers le sud. T'entends ?

*(Le bruit des outardes a commencé en sourdine et devient de
plus en plus présent jusqu'à presque enterrer la musique. Projec-
tion sur le décor entier d'un vol d'outardes.)*

MARIE

Oui ! Oui !

JOSEPH

C'te fois-là, c'est vrai !

MARIE

C'EST VRAI ! *(Leurs corps glissent lentement sur le matelas.)*

MARIE

Roméo !

JOSEPH

Juliette ! *(La lumière vacille et la musique et les outardes se
mêlent. Puis arrive le noir et on entend deux coups de feu.)*

LA BLESSURE

À Jean-Marc Beauchamp qui, il y a vingt-cinq ans, m'a
enseigné la musique de Bach... qui m'habite à chaque jour.

À Marthe Tremblay qui est devenue
sa compagne pour doubler mon plaisir.

Merci à vous deux d'être dans ma vie.

| Mère | La cinquantaine |
| Fils | La trentaine |

Condo luxueux avec vue panoramique. L'ensemble donne l'impression d'un appartement modèle dans un Salon du condo. Quelques objets de mauvais goût.

(La mère est assise. Le fils aussi. Il a les bras croisés. Elle le regarde à quelques reprises. Il semble ailleurs. Elle a un sourire ironique. Elle mange du raisin.)

MÈRE

C'était vraiment pas la peine de venir pour me faire la baboune, tu sais... Depuis que t'es arrivé, tu m'as pas dit trois mots, seulement ! *(Le fils ne bouge pas.)* Je pourrais-t'y savoir si t'as fait un bon voyage, au moins ?... Bon, je suppose que tu préfères pas en parler. Je me demandais seulement si t'étais venu de Québec à Montréal à pied, c'est tout...

T'as pas fait ce trajet-là pour voir mon nouvel appartement, toujours ?... Excuse-moi, je t'ai même pas fait visiter. *(Elle se lève.)* C'est très luxueux. Les meubles sont luxueux ! Et, moi, je me sens luxueuse là-dedans !... *(Le fils est indifférent comme « Le bel... »)* *(Elle va vers la fenêtre.)* Regarde, on voit la ville, le fleuve, jusqu'au nombril ! C'est à perte de souffle ! *(Elle regarde le fils.)* Ça t'intéresse pas.

Tu veux pas voir le reste. Y a huit pièces, des immenses fenêtres, une terrasse, deux chambres de bain, tout le kit ! Bon, ok, j'ai rien dit... Tu veux boire quelque chose ? Du scotch ? Je peux te le servir comme tu veux. Sur glace, avec soda, t'as le choix : y a de tout. Ah ! j'ai autre chose. *(Elle va à un cabinet à boisson qu'elle ouvre. Il est rempli de bouteilles variées.)* Tu vois ? Gêne-toi pas, quand y en a pus, y en a encore ! *(Le fils n'a pas bougé.)* Hum ! je parle pour rien dire. *(Elle referme le cabinet.)* Tu préférerais un café, peut-être ? Du vrai, là, pas de l'instant. Du café du Kenya, oui, mon homme. Que je fais dans une cafetière italienne ! Pis qu'on boit dans des tasses en porcelaine de Limoges ! Passe-toi ça entre les dents ! On a tout à l'avenant. Tu peux pas savoir comment on s'habitue vite au confort ! C'est ce qu'y a de plus facile, t'as qu'à te laisser aller. Tu le veux ? Tu l'achètes !... Alors, un café ? *(Le fils fait signe que non.)* Non. Parfait ! *(Elle fait quelques pas désœuvrés.)*

Pour une fois que tu viens voir ta mère, tu pourrais te forcer, tu penses pas ? Dis-le ce que t'as sur le cœur au lieu de rester là à croquer marmotte. Parce que je le sais que t'es pas là pour rien. Je te connais assez pour savoir à quoi m'en tenir. T'as toujours été comme ça. Comme la braise qui couve sous la cendre. Tout d'un coup, pouf! Ça flambe! *(Elle passe près de lui et lui cogne le front.)* Qu'est-ce que t'as dans ta grosse tête de mule? Hein?... C'est à décourager le yable en personne! J'aurai beau me fendre en quatre, si tu veux pas parler, j'use ma salive pour rien. Pourtant, tu me connais, toi avec. Tu me connais assez pour savoir que je peux pas endurer quelqu'un qui fait le mort devant moi...

Ton vrai père, tiens! J'avais ben en belle de m'époumoner, y desserrait pas les dents. Fermé comme une huître!... T'es pareil! Déjà petit gars, t'étais un mystère pour moi. Les yeux en dessous. La face sournoise! Les bras serrés! *(Le fils décroise les bras machinalement.)* Un paquet de bibites à donner la chair de poule!

Le mariage t'a pas changé, à ce que je vois... Non, c'est niaiseux ce que je viens de dire. Pourquoi le mariage changerait le monde automatiquement? Je devrais ben le savoir, puisque j'étais la même après qu'avant d'avoir épousé ton père...

Ah! je comprends que ça te surprenne de me voir icitte, par exemple! C'est pas tout à fait mon paysage habituel, je l'admets. T'as pas été élevé là-dedans, toi non plus, faut dire!...

Tu te souviens comment on était pauvres! Comme du sel! Cassés, cassés, cassés! Je passais mon temps à courir les ventes chez Dupuis, dans le sous-sol, pour épargner 5 cennes. J'aurais tondu un œuf, ma foi... Ce que j'avais honte! Y me semblait que j'avais une pancarte dans le dos: « MAUDITS PAUVRES ». La pauvreté, ça se voit, comme la richesse. C'est des minorités visibles, dépendant de quel bord tu es... Pis, quand t'es pauvre, essaye si t'es capable de paraître riche! Aujourd'hui, j'ai de l'argent, pis ça paraît. *(Désignant sa robe.)* Tiens c'te robe-là, mon garçon, ça vient de Paris. C'est marqué là. *(Elle désigne l'étiquette au cou arrière.)* Ça non plus, ça te fait pas un pli...

(Le fils met sa tête dans ses mains. Les coudes sur les genoux.) Tu te sens pas bien? *(Signe de la tête du fils: Non.)* D'accord, j'insiste pas... Admets que ça fait une différence de vivre dans ce logement-là que dans notre coqueron de la rue Beaudry, dans le temps! Heureusement, c'est démoli. Bon débarras... On crevait de chaleur l'été, on gelait l'hiver, pis on tuait des

coquerelles à l'année. Comment j'ai fait pour élever des enfants dans un trou, je me le demande encore !...

Quand je regarde en arrière, y me semble que la femme qui restait là, c'était une madame chose quelconque. Une défavorisée chronique. Qui avait l'air d'avoir 20 ans de plus que son âge. Les cheveux cotonnés, le teint jaune, les ongles écharognés. Attifée comme Marie quatre-poches. Et fatiguée ! Tellement fatiguée ! Du matin au soir. Écœurée !... Y avait jamais de soleil dans ce logis-là. La pochette électrique allumée à cœur de jour !... Comme au salon mortuaire. *(Le fils lève lentement les yeux et regarde la mère qui ne le voit pas.)* On avait l'air embaumés, ma foi d'honneur !...

(La mère regarde le fils.) Tu te rappelles ? La chambre où tu couchais ? Juste au milieu de la maison ! Pas de puits de lumière seulement. Pas d'air, pas rien. Un lit à deux étages pour ton frère pis toi. Un cachot ! *(Le fils se détourne et se lève puis fait quelques pas.)* La prison ! On était enfermés à perpétuité. On faisait notre temps, comme à Bordeaux. Quand j'y pense, le cœur me lève : ça sentait le baloney, la m'lasse, la chiotte, le chou bouilli, la pisse de chat ! Beurk ! *(Grand soupir.)*

Qui c'était c'te pauvre femme poquée de la rue Beaudry ? Elle est morte... De quoi ? D'usure, probable. Pis d'humiliation, d'ennuyance, de révolte, d'esclavage aussi. Oh ! elle avait la couenne dure, la bonne femme, parce que ça y a pris du temps à comprendre. Pis encore plus à s'en sortir... *(Elle regarde le fils.)* C'est pourquoi, quand je me réveille le matin, dans mon nouveau décor, je me pince. Ça m'arrive même de culpabiliser. Ah ! pas longtemps. Je me pardonne vite de jouir de mon confort comme une cochonne. Je l'ai mérité mille fois, tu penses pas ?

(Le fils allume une cigarette.) Ah ! non, tu vas pas m'empester avec ta maudite boucane ! Va fumer dehors. *(Elle ouvre la porte de la terrasse. Le fils sort mais reste visible.)* J'en ai assez respiré de la fumée dans ma vie. Ton père a fini par se payer le cancer du poumon avec son fumage, ça devrait te faire peur au moins ?... C'était son seul vice, qu'y disait. Seigneur, y se voyait pas. Tu y ressembles assez en vieillissant, c'est ben simple ! Tiens, juste ta façon de fumer, c'est lui tout craché.

Même, même chose! Fallait toujours y arracher les vers du nez! Yak! Pourquoi je dis ça, donc? C'est tellement dégoûtant, cette expression-là, Yak!... Qu'est-ce que je disais?... Ah! oui, je parlais de ton père qui te ressemblait. Pas de physique, mais de... d'agissements, c'est frappant...

Faut dire que t'étais son préféré. Avec toi, y pouvait placoter des heures et des heures. De tout et de rien. Y riait aux éclats en se tapant sur les cuisses, pis toi avec. Deux vrais enfants mongols!

J'haïssais tellement ça que ton père ait une préférence pour toi. Commet tu penses que les autres se sentaient? Non, ton père, y était injuste. Évidemment, toi, t'en profitais, tu vas me contredire, comme de bonne. N'empêche que t'avais des passe-droits, tu peux pas le nier... Je t'accorde que t'es le seul qui s'en est occupé quand y a été malade. Pas surprenant, c'est toujours toi qu'y réclamait. D'ailleurs, du moment que t'entrais dans sa chambre, même si y souffrait le martyre, c'est comme si y avait pris un calmant. Y avait pus mal, y souriait, y parlait. Pis t'avais rien qu'à y flatter le crâne, y dormait. Comme si tu y avais ôté le mal par magie. J'ai jamais compris comment tu faisais, mais c'est vrai, je l'ai vu, là, devant moi. Les docteurs ont jamais réussi à le calmer, même avec des piqûres. Ben, toi, tu l'hypnotisais comme un chat qui guette un moineau, on aurait dit...

Quand t'étais pas à la maison, je peux ben te le dire, à c't'heure, j'ai essayé tous tes trucs. Motte! Y en a jamais un qui a marché...

Les derniers milles ont été les plus durs, ben sûr. Y pouvait plus parler seulement, y respirait à peine... Ben, suffisait que tu le regardes, ses yeux brillaient, y avait compris. Un vrai sorcier! J'ai jamais vu ça nulle part... Ça avait toujours été un peu comme ça entre vos deux, faut dire. Ça s'explique pas. En tout cas, moi, je me l'explique pas... *(À son fils.)* Toi, tu peux m'expliquer?... *(Le fils ne répond pas.)* J'ai déjà demandé à ton père ce qu'y te trouvait de spécial, y m'a fait la même réponse! Ça me surprend pas...

Mais, par exemple, au salon funéraire, avant qu'y ferment le cercueil, quand je t'ai vu aller embrasser ton père, j'ai failli perdre connaissance... Non mais, un grand gars de 36 ans, embrasser son père ! Embrasser un mort ! Voir si on embrasse un mort ! Surtout ton père. Si ça avait été moi, je dis pas, mais ton père ?... T'as jamais rien fait comme les autres de la famille, je devrais pas me surprendre. Eux autres, y leur serait jamais venu à l'idée d'embrasser leur père dans sa tombe, voyons, y l'ont jamais embrassé quand y était vivant. Ton père était pas embrasseux non plus, je le sais par expérience. D'ailleurs, si y t'avait vu faire devant le monde, je sais pas comment y aurait pris ça... Ah ! non, y aurait rien dit, tu faisais jamais rien de croche, pour lui... Tes frères et sœurs, eux autres, y se seraient fait revirer raide, tu peux me croire. Je l'entends : « Voyons, qu'est-ce qui vous prend tout d'un coup, allez, faites de l'air ! » *(Riant.)* Je vois la scène comme si j'y étais !...

Du plus loin que je me rappelle, t'as été le chouchou de ton père. T'étais le plus vieux, c'est vrai... Pourtant, quand j'y ai appris que j'étais enceinte à seize ans, y était loin d'être enchanté de se marier obligé. Moi, on n'en parle pas. Par-dessus le marché, mes parents voulaient me tuer. Putain, guédoune, courailleuse, tout y a passé. On s'est mariés en cachette. On était exactement six dans l'église, en comptant le curé pis le servant de messe. Après on est allés manger un spaghetti et j'ai été malade comme un chien le reste de la journée. Pas de voyage de noces, comme de raison. Pas une cenne noire. Ton père était en chômage... Comble de malchance, pendant toute ma grossesse, j'ai été à l'envers. Des semaines, je mangeais tout ce qui me tombait sous la main. D'autres semaines, je pouvais pas voir une bouchée de nourriture sans avoir des nausées.

J'étais assez fière d'être débarrassée quand t'es venu au monde, j'ai dormi pendant trois jours de file. Mais ton père, lui, y restait braqué dans la vitrine de la pouponnière à te regarder... Je pense que c'est là qu'y a fait un « contact » avec toi... Quand la nurse te mettait dans ses bras, y restait figé, y osait pas te toucher, y te portait comme un ostensoir ! Y en avait l'air bête, à force ! Y te fixait comme si t'avais été un miracle. Une fois rendus à la maison, y fermait pas l'œil de la nuit. Si t'avais le malheur de lâcher le moindre petit cri, y sautait en bas du lit... Ben évident, le lendemain, y était crevé

pour aller travailler. Parce qu'y avait trouvé une job entre-
temps... Ben, en revenant de la manufacture, y se collait à côté
de la bassinette : y mangeait là, y buvait sa bière là, y écoutait
ses programmes là, y s'endormait là, ben souvent. Je te dis, je
l'avais jamais vu de même... Je l'ai jamais revu de même avec
les autres non plus, d'ailleurs... Je pense qu'y était complètement sur le cul d'avoir un bébé !... Je vois pas autre chose.

Après, c'était pas nouveau, y s'est jamais occupé d'un
enfant. T'as été le seul. Surprends-toi pas si tes frères et sœurs
t'haïssent. Y a de quoi ! Moi non plus, y s'occupait pas de moi,
mais c'était normal, j'étais sa femme. Je m'en occupais pas
ben ben moi non plus, si je veux être franche. Tout ce qu'on a
fait pendant les années qu'on a été ensemble, c'est de vivre
ensemble. À part ça... *(Riant.)* Tu vas rire, mais ton père, y
faisait l'amour comme un lapin : vite, vite, vite ! J'avais toujours
l'impression que c'était fini avant que je sois là. Inutile de te
dire que je sentais rien.

(Le fils rentre.) Ça te gêne que je parle de ça ? *(Le fils regarde
autour.)* Tu cherches quelque chose ?

FILS

Les toilettes !

MÈRE

Y a parlé ! Les toilettes, c'est par là, à gauche. Pas à gauche, à
droite ! *(Le fils y va.)* Tu me connais, je me mélange tout le
temps. J'ai jamais pu m'orienter. J'ai fait faire un accident à
ton frère comme ça. J'y ai dit à gauche, y m'a écoutée, je voulais
dire à droite, ça fait qu'y a frappé une auto. Depuis ce temps-
là, y me défend de parler dans sa voiture... Pour moi, la seule
façon de différencier ma droite de ma gauche, c'est de faire
mon signe de croix !... Parce que je peux pas le faire de la main
gauche !... Je suis ben sans-desein de ce côté-là, je reconnais !...
Ben quoi ! Qui c'est qui a pas de travers, hein ? Le bon Dieu ?
Des fois je me demande si lui avec, y se mélange pas dans ses
affaires. Surtout si je regarde la vie que j'ai faite avant... Pas
mêlant, à la mort de ton père après avoir tout payé les frais, y
me restait trente-huit piastres... Mais, au moins, j'étais veuve !
Ça a l'air de rien, mais ma vie a changé du jour au lendemain.

J'ai accepté ce que j'avais toujours refusé, pis je me suis retrouvée icitte. Je me pose pas de questions sur l'argent, maintenant, j'en ai à pleines mains. J'ai rien qu'à prendre, c'est là!... Tu sais, c'est rien que quand t'en as pas, d'argent, que tu y penses... Moi, en tout cas, je suis comme ça... Toi, l'argent, ça te dérange?... *(On entend la chasse d'eau.)* C'est une réponse comme une autre... Chose certaine, l'argent, c'est le bonheur. Qu'y disent ce qu'y voudront... Parce que tout s'achète. Le monde pis le reste avec. Moi la première, donne-moi de l'argent, je fais ce que tu veux. *(Le fils revient.)* T'es pas comme ça, toi? *(Il ne répond pas.)* Au fond, c'est peut-être parce qu'on est bêtes qu'on reste pauvres. On a peur! Peur de se faire prendre si on triche, si on vole, si on bluffe! J'ai plus peur, maintenant : je triche, je vole, je bluffe! Si je me fais pincer, tant pis, je paierai! La police, la justice, tout est à vendre, donc tout est à acheter.

(Elle avise un plat de fruits.) Tu veux un fruit? *(Elle prend une petite grappe de raisins qu'elle offre.)* Une petite grappe de raisins? *(Il fait signe que non.)* Bon, je me sers. *(Elle mange.)* Hum! ça, je m'en tanne pas. Je m'en suis privée trop longtemps, je peux pas me rassasier.

(Il se dérhume.) Tu veux dire quelque chose?... Y serait temps, tu penses pas?... Ton père en peinture! Pendant trente-sept ans que j'ai été avec, j'ai toujours parlé toute seule. Je suis accoutumée. *(Elle mange.)* Moi, en ouvrant les yeux le matin, je parle. Ça fait partie de vivre, parler. Si je parle pas, je vis pas. Ton père, c'était le contraire. À la maison, du moins. Parce qu'à la taverne, avec ses chums, je suis certaine qu'y donnait pas sa place. Tu me croiras pas, mais, ton père, y est resté treize jours sans me dire un mot. Je les ai comptés... Ça me rappelle, y avait un de mes oncles qui était sourd. Toute la parenté disait que c'était pour plus entendre parler sa femme!

(Remettant le reste du raisin dans le plat.) Ça finit par agacer les dents, le raisin, à la longue. *(Montrant ses dents.)* T'as vu mes nouvelles dents? C'est vissé dans les gencives. Ça coûte les yeux de la tête, comme de raison. Pas moi qui paye, heureusement... Lui, y aime ça une belle bouche. Ça fait appétissant. Y voulait que je me fasse faire des dents en or, j'ai refusé.

Aye! si jamais tu frappes un voleur, y te vide la bouche avant de vider ta sacoche, merci ben. Non, j'y ai dit: Si tu tiens à tout prix à me donner de l'or, donne-moi une bague. *(Montrant la bague.)* La v'là! Y a fait mettre une petite pierre en plus, pour faire un compte rond. Y me gâte, je demande pas mieux, j'ai jamais connu ça. Ton père, quand y me faisait un cadeau, c'était un ustensile de cuisine. Comme bijou, c'est pas vargeux!

(Le téléphone sonne. Elle répond.) Allô!... Non y est pas là... Y est parti ça fait belle lurette, y m'a dit qu'y avait un rendez-vous, c'est tout... Y est pas encore arrivé? C'est curieux... Je peux rien te dire d'autre, moi, y me dit pas tout ce qu'y fait, tu sais... Ben, c'est ça, attends-le, y va ben finir par arriver... Ok, Tony, salut! *(Elle raccroche.)* Eux autres pis leurs gammiques! Sont toujours à se courir au téléphone. Je me demande comment y font leur compte. N'empêche qu'y revient à la maison avec des grosses poignées de gros bills chaque fois. Lui y a compris le système pis y en profite au maximum, parle-moi de ça! Ce gars là, y l'a. Y fait tout à la perfection. Pis quand je dis tout, c'est tout, ça avec. Le vrai feu d'artifice, mon homme. Je te jure que ton père, à côté de lui — vite, vite, vite —, y l'avait pas pantoute. Y l'avait sur rien, de toute manière. Dieu ait son âme!..., si y en avait une... Disons qu'y en avait une!...

FILS

... Oui, au lieu que toi, t'en as pas.

MÈRE

Tiens! Écoute-moi donc ça!... sais-tu, j'aimais autant quand tu parlais pas. Si c'est pour m'envoyer des patarafes de même, aussi ben te taire, hein? J'espère que t'as pas fait tout ce chemin-là pour me dire ça?

FILS

C'est vrai que t'es une guédoune, une putain, une courailleuse. Tes parents avaient raison.

MÈRE

(Très naturelle.) J'ai jamais dit que j'en étais pas une, non plus. Moi, je trouve ça normal, c'est ma vie. C'est toi qui aimes pas

ça. Ben connu que les enfants veulent toujours avoir une mère vierge, les gars surtout... C'est ça ton problème avec la tienne?... T'es pas tout seul, dans ton cas; la plupart des hommes baisent mal, tu ferais pas exception. Pis tu serais seulement comme ton père. Tu devrais être content de lui ressembler, me semble... puisque c'est ton idole.

FILS

Moi, je couche pas avec n'importe qui.

MÈRE

Moi non plus. Faut que ça paye! *(Désignant l'entourage.)* Tu vois ce que je veux dire? Je suis pas si mal payée, hein?

FILS

Pour ça, y a pas à en douter. T'as frappé le gros lot... Ma mère vend son cul pour vivre.

MÈRE

Aye! Comment tu penses que j'ai fait soigner ton père pendant les cinq ans qu'y a été malade? Tu devrais me remercier plutôt. Toi, qu'est-ce que t'as fait pour lui à part t'enfermer avec, des soirées de temps dans sa chambre? Tandis que moi, je travaillais. Enfin, je gagnais ma croûte... À la sueur de mon front. Enfin... passons. De toutes façons, ton père en a jamais rien su. Y était ben trop sans-dessein pour s'en apercevoir.

FILS

Y le savait.

MÈRE

Comment ça?

FILS

... Moi, j'y ai dit.

MÈRE

Tu y as dit que...?

FILS

... que tu faisais de la prostitution.

MÈRE

Qu'est-ce qu'y a répondu?

FILS

Y le savait déjà.

MÈRE

De quelle manière y l'avait su ?

FILS

Les gars de la shop. T'en avais passé plusieurs, faut dire, hein ?

MÈRE

Y viendront parler des femmes qui bavassent après ça... Qu'est-ce qu'y en disait, ton père ?

FILS

Y t'aimait.

MÈRE

Y t'a dit ça aussi ?

FILS

Plusieurs fois.

MÈRE

Y aurait pu me le dire à moi... une fois !... Oh ! ça aurait pas changé grand-chose... Je l'aimais pas.

FILS

Pourquoi tu l'as marié ?

MÈRE

Qu'est-ce que tu penses qu'une fille de seize ans, enceinte, faisait au milieu des années cinquante ? Elle mariait le gars qui était prêt à donner un nom à son petit. C'est ce que j'ai fait. T'es arrivé quelques mois après.

FILS

... Tu l'aimais pas ?

MÈRE

L'amour, mon pit, c'est dans les vues. Dans la vie vraie, ça existe pas.

FILS

Oui. Mon père je l'aimais. Pis lui y m'aimait.

MÈRE

Y te l'a dit?

FILS

Non, pas en paroles, mais je le sentais pareil.

MÈRE

Toi, tu y as dit, en paroles?

FILS

Quand je l'ai embrassé dans sa tombe, c'est pour ça. J'y ai dit.

MÈRE

Comme si les morts entendaient! Trop tard! Pis veux-tu me dire à quoi ça sert d'aimer le monde? Y se sacrent de toi à la première occasion. Le cœur c'est une pompe. Point. Ça fait circuler le sang. Qu'est-ce que t'as à t'imaginer que ça sert à aimer? Le cœur, ça rapporte pas d'argent, pis ça a rien à voir avec le sexe. Les deux seules choses importantes dans la vie: money and sex! Attaboy! Le reste? Bullshit! *(Elle est pompée.)*

FILS

Pourquoi tu t'enrages?

MÈRE

(Étonnée.) Je suis pas enragée, je suis dégoûtée de t'entendre me rabâcher tes histoires d'amour... avec ton père, par-dessus le marché.

FILS

Comme ça, ton nouveau, tu l'aimes pas?

MÈRE

Ben non, y a du foin. C'est suffisant.

FILS

Lui, y t'aime?

MÈRE

J'y ai pas demandé. Y me baise, ça me suffit, je viens de te le dire.

FILS

(Temps.) Je suppose que moi, tu m'aimes pas non plus ?

MÈRE

Je suis ta mère, c'est pas assez ?

FILS

(Temps.) Comment t'as pu t'accoter avec le frère de mon père ?

MÈRE

Ça te dérange ? Lui ou un autre, tu sais, pour ce que j'en ai besoin...

FILS

(Temps.) Ça aussi, papa le savait.., que tu couchais avec son frère, pendant qu'y était malade.

MÈRE

L'argent est parent avec tout le monde. Ton oncle ou le voisin, quelle différence ? Y me faut un homme... riche. J'ai vécu en quêteuse tant que j'ai été niaiseuse. Je me faisais même pas payer ben souvent. Habitante ! Les femmes de ma génération, tu sais, on en avait une couche épaisse de même de religion, de tradition, de culpabilité, de... stupidité !... Grâce à ton oncle, j'ai découvert autre chose. C'est lui qui m'a dégourdie. À cinquante ans ! Jusque-là, les hommes, y en avait eu en masse, mais jamais comme lui. Y est parfait sur tout, je te le répète. Sur tout !

FILS

T'es nymphomane, on sait ben.

MÈRE

Appelle ça comme tu voudras. Sauf que si c'est un gars qui couraille, on dit qu'y est amateur de femmes, qu'y est séducteur, avec un air de fierté. C'est un don Juan ! Si c'est une femme, on la traite de nymphomane en levant le nez. Ok ! je suis baiseuse ou nymphomane, comme tu dis. Je l'ai toujours été. J'ai commencé à neuf ans ! *(Réaction du fils.)* Scandalise-toi pas, c'est rien que le commencement. J'ai commencé à neuf ans... avec mon grand-père. Un dimanche matin qu'y me gardait pendant la grand'messe !... Essaye de battre ça !... Pis j'ai aimé ça ! J'en veux pas à mon grand-père, pas une miette. Du premier coup, j'ai eu le kik... Tu vois que j'avais déjà goût pour la parenté ! *(Riote.)* T'es chanceux que je me sois pas garochée sur toi. *(Réaction du fils.)* Ben quoi, t'es un homme !

FILS

T'es malade.

MÈRE

Ben oui, ben oui, je suis malade. Tout ce qui sent le mâle m'excite.

FILS

Tu m'écœures.

MÈRE

C'est ton problème... C'est pas le seul que t'as, ça m'a l'air. J'ai pas l'impression de t'avoir refilé mon amour du sexe, en tout cas. Tu me sembles pas... porté sur... la chose, comme y disent.

FILS

(Temps.) J'ai laissé ma femme.

MÈRE

T'as trouvé mieux ?

FILS

Elle a trouvé mieux.

MÈRE

Alors, c'est elle qui t'a laissé. Si elle a trouvé mieux... On peut toujours trouver mieux. *(Montrant autour.)* La preuve.

FILS

Y paraît qu'on marie des femmes comme nos mères.

MÈRE

C'est toi le plus bête, en ce cas là. T'avais rien qu'à en choisir une autre. Viens pas me blâmer.

FILS

Je te blâme pas... enfin..., je le sais pas...

MÈRE

Ça me surprend d'elle, tu vois ? Je l'ai trouvée plutôt sainte-nitouche, quand je l'ai rencontrée. On se trompe.

FILS

Papa m'avait averti, pourtant.

MÈRE

De quoi ?

FILS

La fois que je l'ai emmenée à la maison, y m'a dit : « Méfie-toi, elle a pas une figure franche. Elle ressemble à ta mère... Mais, je te comprends de l'aimer. J'aime ta mère, même si je sais qu'elle me joue dans le dos... On marie celles qu'on aime quand y faudrait marier celles qui nous aiment... Le monde est mal fait ! Tu sais, si on aimait vraiment les femmes, on les marierait pas, on coucherait avec. Rien de plus ! » Rien de plus !...

MÈRE

Là-dessus, je le contredirai pas. Si c'était à recommencer...

FILS

Tu marierais pas mon père ?

MÈRE

Oh ! non, je serais monoparentale... à moins que je sois passée avant par la clinique d'avortement.

FILS

Et je serais pas là. *(Temps.)*

MÈRE

C'est pour m'apprendre ta séparation que t'es venu, comme ça ? Ah ! bon !... Qu'est-ce que tu veux que ça me fasse ? T'es débarrassé ? De quoi tu te plains ? Tiens, prends une brosse, pis tu vas voir que ça va aller beaucoup mieux après. Y a rien comme ça pour changer le mal de place. Pis, des femmes, y en a à pochetée. Y a trois femmes pour un homme, y paraît. T'as qu'à choisir.

FILS

J'en veux plus.

MÈRE

Tu peux virer aux hommes, si ça te chante.

FILS

Encore ben moins.

MÈRE

Bon, ben en ce cas-là, tu peux être aux oiseaux ! *(Mimant.)* Pitpitpit !

FILS

Hostie que t'es conne !

MÈRE

(Criant.) Sacre-moi pas par la tête ! Je peux prendre n'importe quoi, mais y a jamais un homme qui m'a sacré dans la face !

FILS

(Criant aussi.) Parle-moi pas de même, ok ? Je suis pas ton chum, moi, ni ton mari, ni ton grand-père !

MÈRE

(Temps pour se calmer.) T'es pas un cadeau, toi, c'est le moins que je peux te dire.

FILS

(Temps.) J'ai tué l'amant de ma femme.

MÈRE

Quand ça ?

FILS

La nuit dernière.

MÈRE

Pis ta femme, elle ?

FILS

Elle était pas avec. Y est représentant de compagnie, y voyage. Je l'ai suivi. Pis j'y ai fait son affaire. Dans un motel.

MÈRE

Mais ça va se savoir ?

FILS

Évidemment. C'est pour ça que je l'ai fait. Pour punir ma femme en premier.

MÈRE

Pis t'es venu te cacher icitte ?

FILS

On peut rien te cacher !

MÈRE

T'es pas drôle !

FILS

T'as rien qu'à pas rire.

MÈRE

Ah ! tu me fais marcher. T'es ben trop pissou. Aye ! pendant trente-sept ans, ton père m'a dit qu'y allait me tuer, y l'a jamais fait.

FILS

Y aurait ben dû, je serais débarrassé de toi.

MÈRE

Too bad ! Y a jamais eu les *guts*. Toi non plus, forcément.

FILS

(Sortant un revolver de sa poche.) Parle pas trop vite.

MÈRE

(Un peu ébranlée.) Voyons, toi, voir si on tue le monde de même !

FILS

Tu me crois, maintenant, que j'ai tué le chum de ma femme ?

MÈRE

Je le sais pas. Tu parles d'une question à poser à sa mère…

FILS

Si je te tirais… Tu chanterais pas la même chanson, hein, putasse ?

MÈRE

Qu'est-ce que t'essayes de me prouver ?

FILS

Que je suis pas pissou, par exemple. *(Fort.)* Que je suis pas un pissou, ok ?

MÈRE

Parfait ! T'es pas pissou. T'es content ? Ton problème est réglé, t'es plus cocu. Pis après ?

FILS

Faut que je disparaisse.

MÈRE

Ben, qu'est-ce que t'attends ? Fais de l'air !

FILS

Ça va prendre quelque temps avant que la police s'en aperçoive.

MÈRE

Où t'as caché le corps ?

FILS

Dans le coffre de mon char, en bas.

MÈRE

Es-tu fou ? Y fait trente dehors aujourd'hui. Tu peux pas garder un cadavre dans ta valise en pleine ville quand y fait une chaleur pareille !

FILS

J'ai besoin d'argent.

MÈRE

Tout le monde a besoin d'argent. Organise-toi pour en trouver. Fais comme moi, trouve un poisson.

FILS

Mon poisson, c'est toi. Ton chum, y importe des... produits de quelque part en Amérique latine, si je me trompe pas ?

MÈRE

Je me mêle pas de ses affaires.

FILS

Fais pas l'innocente. Tu le sais très bien qu'y trafique de la drogue.

MÈRE

Supposons que ça soit vrai ce que tu dis, ça te regarde ?

FILS

Non, le trafic, ça me fait rien. Ce que je veux c'est de l'argent, je viens de te le dire. *(Criant.)* Arrête de faire l'innocente ! Tu m'énerves !

MÈRE

(Temps.) Combien tu veux ?

FILS

Tout ce que t'as.

MÈRE

(Agressive.) Pousse pas, ok ?

FILS

Tout. Ou ben je te fais un trou dans le ventre...

MÈRE

(Temps.) Ok. Je vas voir ce que j'ai. *(Elle part vers la penderie.)*

FILS

Minute ! *(Elle arrête.)* Où tu vas ?

MÈRE

Dans la cobette. Chercher mon sac à main.

FILS

Fais ça vite. Pis essaye pas de me crosser.

MÈRE

T'es comique, même quand tu veux pas l'être. *(Elle va à la penderie et revient immédiatement avec son sac. Très calme. Elle ouvre son sac y plonge la main et en sort un revolver qu'elle braque sur lui.)*

FILS

(Effrayé.) Tire pas.

MÈRE

(Riant.) Tu devrais te voir, Tarzan !... Maudit que t'es nono. Voir si je vas te donner mon argent... Ça aussi, c'est une chose qu'y m'a apprise : à me défendre... T'auras pas un sou noir de moi. Je t'ai déjà donné la vie, ça suffit. Si tu veux plus, faudra que tu le prennes toi-même. Allez, montre-moi ce que tu sais faire... Vas-y ! On est à armes égales, de quoi t'as peur ?... *(Elle*

s'approche de lui avec le revolver.) C'est comme dans les vues, tu trouves pas?... Qui c'est qui va tirer le premier?... Suspense!... Un... deux... trois...

FILS

Shit! *(Il lance son revolver par terre.)*

MÈRE

(Regarde le revolver et le ramasse.) Y est en plastique!... Tu voulais me faire peur avec ça? *(Elle rit.)* Pauvre ti-gars! *(Lui remettant son revolver jouet.)* Tiens, reprends ta bebelle. *(Il ne le prend pas.)* Tu le veux pas? Je t'assure que t'as du chemin à faire, toi, avant d'avoir ton portrait dans *Allô Police. (Elle met les deux revolvers sur une table.)*

FILS

J'ai pas le cadavre du chum de ma femme dans le coffre de mon char.

MÈRE

Évidemment, si tu l'as tué avec ton revolver en plastique.

FILS

Je l'ai pas tué avec le revolver en plastique. Je suis pas si épais.

MÈRE

Tu t'es inventé une menterie. Je suppose que ta femme a pas d'amant non plus?

FILS

Ça c'est vrai. Ma femme m'a trompé. Avec lui, je le sais, je les ai vus.

MÈRE

T'es sûr?... T'as pas l'air à vivre dans la vraie vie, mon idée. Tout a l'air en plastique, on dirait. À commencer par toi. Veux-tu ben me dire où j'avais la tête le jour où je t'ai fait, toi?

FILS

Je suis venu au monde fucké.

MÈRE

Je te le fais pas dire. Plus que ça, t'es légume.

FILS

(Agressif.) C'est de ta faute.

MÈRE

Je connais le refrain. C'est toujours la mère. Ou ben elle l'a pas nourri au sein, y est devenu bum. Ou ben elle l'a trop couvé, y est viré tapette. Ou ben elle l'a battu, y bat ses enfants. Ou ben elle l'a pas aimé, y tue sa femme ou y viole celles des autres. Ben, tout ça, c'est de la foutaise. J'ai pas de reproches à me faire. J'ai resté avec ton père jusqu'à sa mort, y a six mois. Uniquement pour vous autres... pis pour lui... même si tu penses le contraire. J'ai toujours voulu que vous ayez une mère pis un père.

FILS

(Agressif.) On a eu un père, ok. Mais pas de mère. Seulement une plotte.

MÈRE

(Gifle retentissante.) Espèce d'enfant de chienne !

FILS

T'as raison, je suis un enfant de chienne.

MÈRE

T'as beau m'insulter, j'ai la peau épaisse de même. *(Geste.)*

FILS

C'est tout ce que t'es : une peau. Quand j'allais à l'école, les petits voisins, quand y étaient fâchés après nous autres, y nous disaient : « On le sait que ta mère, c'est une peau. Papa nous l'a dit qu'elle y avait fait des façons. Ta mère, c'est une maudite charogne. » Pis moi, je braillais.

MÈRE

Ce qu'y te disaient pas, c'est que leurs pères venaient me rejoindre le soir dans les hangars au bout de la ruelle, par exemple.

FILS

Tout ce que je sais, c'est que j'avais honte. *(Fort.)* J'avais honte !

MÈRE

T'avais même pas le dessein de les battre seulement. Tu te laissais crier des bêtises sans rien faire. Enfant bête !... Je peux pas parler, j'étais aussi bête que toi. Dans ce temps-là, je me faisais même pas payer, grosse tarte ! Non, mais, quand on est pauvre, on en a-t-y une croûte ! C'est écœurant. Quand j'y pense, je viens assez en rogne, c'est ben simple, je ferais sauter une banque. Lui, y m'a appris à vivre. Pourtant, y a été élevé comme ton père, dans la même famille. Mais... mais y avait une tête. Y a vu où l'argent était. Y est allé le chercher. Youppee ! J'haïs assez la pauvreté, tu peux pas savoir. Le vrai cancer, c'est ça. Y en a pas d'autre. La pauvreté, ça t'enlève tout. Lui, y m'a montré à lever la tête. Cet homme-là, c'est un vrai. Avant lui, j'étais personne. À c't'heure, je peux affronter n'importe quel péteux de broue sans cligner un œil ! Je l'ai l'affaire. (Regardant son fils.) T'as du chemin devant toi pour arriver là, mon idée. Même pas capable de se défendre contre des petits gars de ruelle.

FILS

Papa voulait pas que je me batte. Y disait qu'y avait rien que les voyous qui faisaient ça.

MÈRE

(Dépassée.) Comment tu veux faire des hommes en parlant de même ? Pas étonnant que tu sois une pâte molle.

FILS

(Criant.) Je le sais que je suis fucké.

MÈRE

(Criant.) Ben fais quelque chose au lieu de brailler. (Tournant sur place.) Ah ! qu'y m'énerve ! (Elle va au cabinet à boisson et se sert un verre.) Faut que je me calme les nerfs, sans ça je vas l'étriper. Veux-tu boire quelque chose ? (Il fait signe que non.) Tant pis, moi j'en prends un. (Elle boit.) Ah ! ça fait du bien.

FILS

Je suis venu à Montréal pour chercher ma femme.

MÈRE

Puisque c'est elle qui veut plus de toi, sacre-z-y donc la paix. Ça valait ben la peine d'attendre à trente-cinq ans pour te marier avec une femme qui rit de toi avec un autre.

FILS

Je l'aime.

MÈRE

Comme son père. T'as beau les tromper, les bafouer, y sont tellement sans-dessein qu'y sont prêts à nous garder à n'importe quel prix. Plus bête que ça, tu manges de l'herbe.

FILS

T'as jamais aimé personne, tu peux pas comprendre.

MÈRE

Dieu merci, l'amour ça vaut pas le cul. Ça, au moins, c'est quelque chose de vrai.

FILS

T'es même pas un être humain, rien qu'une femelle qui se laisse grimper.

MÈRE

Ta femme, elle, elle s'est pas laissé grimper par l'autre, peut-être?

FILS

(Violent.) Oui, comme toi! Elle en a jamais assez. Ce qu'y y faut, c'est un étalon, pas un mari.

MÈRE

Un mari, tu sais, c'est pas nécessairement ce qu'y a de mieux pour une femme. C'est la même routine, soir après soir. Tu peux dire d'avance ce qui va arriver, combien de temps ça va prendre, ce qu'y va te dire, les bruits qu'y va faire. Une femme a besoin de variété, c'est mon opinion.

FILS

Qu'est-ce qu'on fait avec vous autres, veux-tu me le dire?

MÈRE

T'as rien qu'à changer de sexe, si t'es pas content.

FILS

Es-tu folle, toi? J'ai pas envie de virer femme en plus.

MÈRE

Je veux dire virer aux hommes. C'est normal de nos jours. Y a rien de mal là-dedans, je viens de te le dire, pas plus tard que tantôt.

FILS

Pour qui tu me prends ?

MÈRE

Non, tu peux pas affronter une femme, à plus forte raison un gars. Moi, en tout cas, j'ai essayé ça avec des femmes, je m'en cache pas.

FILS

Ça me surprend pas, t'as tout fait à part tuer. Pis encore, c'est pas sûr.

MÈRE

Faut tout essayer. Au moins une fois. Sans ça, comment tu peux savoir ce que c'est ? Ça déniaise, en tout cas. J'ai pas aimé ça, avec une femme. Y manque quelque chose !... Je sais, tu vas me traiter de vicieuse. Le vice, je te répondrai, c'est pas ce que tu fais, c'est ce que les autres pensent de ce que tu fais. Aye ! c'est pas bon, ça, tu penses ? Maudit que je me trouve brillante des fois ! Lui, y est le seul qui me le dit. Y me trouve intelligente, y rit de mes farces, y me donne envie de voler, tellement y me gonfle ! *(Levant son verre.)* À mon homme ! *(Elle boit. Le téléphone sonne. Elle répond.)* Allô !... Y est pas arrivé ?... Je le sais pas Tony ! As-tu appelé à son bureau ?... C'est occupé, c'est occupé... la ligne est peut-être en dérangement, cherche donc... Ben, va voir, tu le sauras ben... Ok ! si y m'appelle entre-temps, j'y dis que tu t'en vas à son bureau, parfait !... Salut ! *(Elle raccroche.)* Tony, y est ben toffe, mais y a pas inventé les boutons à quatre trous. Faut quelqu'un pour y dire quoi faire, sans ça, y est perdu. Tu vois que t'es pas tout seul ?... Ah ! moi avec, j'ai eu besoin de quelqu'un pour me dire quoi faire, y a pas de honte à ça, au fond. Tu l'as ou tu l'as pas. À mon avis, l'injustice est à la base. Tout le monde est pas né égal, c'est pas vrai. Si c'était vrai, ça serait moi la reine d'Angleterre. Pis toi le pape !... *(Elle rit et finit son verre.)* Achachach ! C'était délicieux !

FILS

(La regardant.) Tu te racontes n'importe quoi. Tu parles, tu parles ! Pour pas t'entendre penser. Tu baises pour la même raison. Parce que t'as peur de toi. Tu veux pas que la petite fille qu'y a derrière se réveille et prenne le dessus... Quand ton grand-père t'a plantée, à neuf ans, t'as fermé la porte. À partir de là, t'as joui en masse, mais t'as jamais rien senti ailleurs qu'entre les jambes ! T'es devenue une poupée gonflable avec un trou dans le bas du ventre. Toi aussi, t'es en plastique. Tu cours après quelque chose que t'attrapes jamais. La prochaine fois ! Le prochain gars ! La prochaine botte ! Ça y sera ! Mais non, c'est toujours pareil. Parce que c'est sec, là. *(Il montre son cœur. Elle fait un signe de la tête voulant dire : « Non mais y est-y quétaine. »)* T'es brûlée en dedans... *(Il est devenu très intense.)*

MÈRE

Entendez-vous ça ! Y me fait la morale, par-dessus le marché ! Y m'analyse ! Y me passe à la loupe comme un vieux timbre, pis moi, la niaiseuse, je l'écoute... Écoute, j'ai pas rien que ça à faire, moi, te servir de confessionnal. Y a du monde qui s'embêtent chez eux, qui se morfondent pour écouter les problèmes des autres. Téléphone-leur ou va les voir, y demandent pas mieux. Mais cesse de me casser les oreilles avec tes maudites idées de fou. *(Elle est pompée.)* J'ai fini de m'occuper des autres. Maintenant, c'est moi qui compte. Moi ! *Me, myself and I !* C'est-y assez clair ? *(Criant.)* Sacre-moi patience, t'as compris ?

FILS

(Allant prendre sa mère dans ses bras.) Maman ! Maman !

MÈRE

(Se dégageant vivement.) Veux-tu ben me lâcher ?

FILS

Maman, maman, je suis fucké. À cause de toi ! Quand j'ai une femme dans mes bras, c'est toi que je vois. Pis je peux pas ! Je peux pas !

MÈRE

Viens pas m'accuser parce que tu bandes pas. Accuse ton père
qui t'a élevé comme un couillon. Lui non plus, d'ailleurs, y
bandait pas la moitié du temps. C'est moi qui faisais les trois
quarts de la job. Pis je vas t'apprendre qu'y a ben des gars qui
sont dans le même cas, je l'ai su à mes dépens. Nous autres,
on peut faire semblant. Tant pis, vous pouvez pas ! Pis après ?
Ça fait partie d'être un mâle. Endure. Ou ben fais-toi poser
une pompe ; ou ben un pénis en plastique, ça ira avec le reste.
Tout ce que je peux te dire c'est de pas attendre aussi longtemps
que moi pour régler ton problème. Moi, j'ai eu la chance de le
rencontrer, lui, sans ça, je serais probablement encore sur la
rue Beaudry ou aux alentours, dans un taudis, à recevoir le
BS. Si tu veux mon conseil, ta femme, penses-y plus. Pars avec
une autre. Cherche donc si, la nouveauté, ça sera pas suffisant
pour faire lever le nez à ton petit charlot. Des fois c'est le
manque d'appétit, tout bonnement, qui empêche de fonction-
ner. Ben des hommes m'ont avoué qu'y pouvaient plus avec
leurs femmes, tandis qu'avec moi... C'était la procession au
flambeau. *(Depuis un moment le fils regarde une photo qui est
quelque part dans un cadre. Il la prend subitement et la lance
par terre. Elle se brise.)* Voyons, toi, es-tu fou ? Qu'est-ce qui te
prend ? *(Elle se penche pour ramasser les morceaux.)* Si tu com-
mences à t'en prendre aux photos à c't'heure. Ça te dérange
ce portrait-là ?

FILS

T'aurais jamais mis le portrait de mon père, hein ? Mais lui,
tu le tiens par le cou, pis t'as la bouche fendue jusqu'aux
oreilles. En costume de bain. Évachée sur lui comme une chatte
en chaleur.

MÈRE

Ben quoi, pour la première fois que j'allais à Miami, j'étais
pas pour m'habiller en sœur, quand même ! Reviens-en. C'était
notre voyage de noces en plus.

FILS

T'es mariée avec, par-dessus le marché ?

MÈRE

C'est lui qui voulait ça. Moi, le mariage... Mais lui y insistait, pour les assurances, au cas où y lui arriverait quelque chose. J'ai pensé que c'était pas bête. Comme ça, je serai à l'abri du besoin. Y pense à tout, je te le dis.

FILS

Y devait avoir hâte que mon père crève, hein ? Comme toi, hein ?

MÈRE

Après cinq ans, t'avoueras qu'y était temps qu'y ait une fin, non ? Je pense que j'avais payé ma dette à ton père pour m'avoir mariée enceinte. C'est tout ce que j'y devais. C'est aussi pour ça que je suis restée jusqu'à la dernière minute avec lui, par... reconnaissance, si on peut dire... C'est ça, par reconnaissance. Tu vois, je suis pas si sale !

FILS

C'est pour ça que toi pis mon oncle, vous l'avez... aidé à mourir plus vite, je suppose ?

MÈRE

Qu'est-ce que ça veut dire, ça ?

FILS

Fais pas semblant, tu me comprends.

MÈRE

Tu nous accuses de nous être débarrassés de ton père, c'est ça ?

FILS

Exactement.

MÈRE

En faisant quoi ?

FILS

En y donnant des pilules.

MÈRE

Que le docteur prescrivait, oui. Accuse le docteur, pas nous autres.

FILS

Y avait une dose à suivre pour les pilules. Essaye de me dire que vous avez pas doublé ou triplé les quantités, pour voir ?

MÈRE

Qui c'est qui t'a raconté ça ? Ton père ?

FILS

Oui !

MÈRE

Quand ça ? Quand tu passais des heures enfermé avec lui ?

FILS

Peu importe quand, y me l'a dit.

MÈRE

Y était empaffé la plupart du temps. Y délirait. Y savait même pas quel jour on était... Un matin, y voulait aller à la pêche, lui qui avait jamais touché à une ligne de sa vie. Y pouvait te raconter les menteries qu'y voulait, y avait même pas sa pleine connaissance. Toi, évidemment, ce que ton « papa » disait, c'était la parole de l'évangile, même si y était pacté.

FILS

(Intensément agressif.) Y était pas pacté. Y était complètement lucide. Y était ben calme, assis dans son fauteuil, au milieu d'une grande salle. Ses deux mains étaient sur les bras de la chaise. Y était habillé comme dans sa tombe...

MÈRE

Ma grand foi du bon Dieu, y est craqué.

FILS

Tout d'un coup, y m'a appelé. Pas fort. Deux fois. J'ai répondu. Y m'a dit : « Approche. » Une fois que j'ai été proche de lui, y m'a demandé de me mettre à genoux. (La mère n'en croit pas ses oreilles.) Jusque-là, y avait les yeux fermés. Y m'a regardé. Y était triste. Y m'a souri pareil. Pis y est venu les yeux pleins d'eau en me disant : « Tu sais, ta mère pis ton oncle, y m'ont tué, en me donnant trop de pilules. J'ai pas pu résister. Mais j'étais pas encore prêt à partir. Je sais qu'y sont heureux à c't'heure, mais moi, je peux pas l'être à cause d'eux autres. Je serai jamais heureux tant qu'y seront vivants... Si je pouvais revenir sur la terre !... » *(À sa mère violemment.)* Tu l'as tué !

MÈRE

(Dépassée.) Y est rendu qu'y a des visions. Écoute, là, on est pas à Fatima. Si ton père t'a parlé en rêve, c'est pas une raison pour le croire... Y t'aurait dit qu'y s'est suicidé, tu l'aurais cru ?

FILS

Mon père m'a jamais menti. Jamais. Tandis que toi t'as passé ta vie à nous faire des accroires.

MÈRE

C'est vrai. Je m'en faisais encore ben plus à moi-même des accroires. Sans ça je me serais flambé la cervelle. Vient un moment où t'es plus capable de prendre la journée qui vient, parce que la journée d'avant t'a vidée et que la journée d'après va te tuer. Faut que tu t'évades à tout prix, même si c'est en te faisant croire que le père Noël existe... Mais ça durait jamais ben longtemps, parce que ton père avait le don de me ramener sur la terre quand je le voyais incapable de mettre un pied devant l'autre sans que, moi, je lui dise. Tout ce qu'y savait faire, c'est de se plaindre. Ça m'étonne pas que tu l'entendes chiâler encore dans tes rêves. Pis que tu le croies, pour finir le plat ! Ah ! y a pas à dire, si t'es fucké, comme tu dis, c'est ben plus à cause de lui que de moi. Tu devrais aller voir un psychiatre, tiens ! Ah ! et pis non, y vont me mettre ça sur le dos, je te l'ai dit tantôt. Mais la fixation sur ton père, y aimerait ça, mon idée ! Tout le monde se bat la gueule que les pères pis les fils se comprennent pas. Ben v'là un exemple du contraire.

FILS

(Continuant dans son idée. Il n'a pas écouté sa mère.) Je suis certain que son cancer, c'était toi. Si tu l'avais aimé, y l'aurait pas eu.

MÈRE

T'es mêlé pas pour rire, toi. Tantôt, je l'ai tué avec des pilules, pis, là, j'y ai donné le cancer. Tu devrais faire le ménage dans ta tête, tit-gars, sans ça... tu vas finir enfermé. Décroche de ton père. Y est mort et enterré. Pis, la prochaine fois qu'y viendra dans tes cauchemars, dis-y de te sacrer patience. Ou ben dis-y de m'apparaître, à moi, y va voir comment je vas le recevoir. *(Gentiment.)* C'est pas bon pour toi, ça... T'as toujours été un enfant impressionnable. Tu peux pas continuer à vivre de même, à ton âge. Si tu savais comme on se sent bien quand on tourne la page pour recommencer en neuf. Regarde-moi, je l'ai fait. C'est vrai !

FILS

(Faisant non de la tête.) Je peux pas. Je suis pas capable.

MÈRE

Va-t'en, je sais pas quoi faire avec toi. Va-t'en. Je vas t'en donner, de l'argent, si tu veux, mais je te comprends pas. Sacre ton camp !

FILS

(Allant à elle pour la prendre dans ses bras.) Maman ! Maman !

MÈRE

(Se dérobant.) Veux-tu ben arrêter tes folies ?

FILS

Pourquoi c'est faire que tu t'es pas avortée au lieu de marier mon père pis de m'avoir ?

MÈRE

(Petit temps.) Ça me faisait trop peur. Dans ce temps-là, c'était dangereux.

FILS

J'aurais pas connu mon père, au moins. Je l'aurais pas aimé.

MÈRE

(Temps. Le regarde.) Ton père, y pouvait pas me marier. Le vrai, j'entends.

FILS

Qu'est-ce que tu veux dire ?

MÈRE

Pour la bonne raison que je sais pas qui c'est... ton père.

FILS

Mais tu t'es mariée avec mon père. Enceinte.

MÈRE

Oui, mais pas de ton père. Lui y a toujours cru que t'étais son fils, je l'ai pas démenti. Mais j'étais enceinte quand je l'ai connu.

FILS

C'est pas vrai ! Je te crois pas. *(Criant.)* Je te crois pas ! Je te crois pas !

MÈRE

J'ai aucune raison de te mentir, maintenant.

FILS

Tu penses qu'en me disant ça, tu vas me faire oublier mon père, peut-être ben, hein ?

MÈRE

(Criant.) C'est pas ton père.

FILS

(Criant.) Je te crois pas. T'as menti ! J'y ressemble, à mon père, tu le dis toi-même.

MÈRE

Ah ! pour ça, t'as toutes ses manies, ses défauts, ses lubies, jusqu'à sa façon de parler. Mais pour le reste, t'as rien de lui, ni les yeux, ni la bouche, ni la taille, ni rien. Tu ressembles à n'importe qui. Comme tes frères et sœurs, d'ailleurs. Eux autres non plus, je sais pas qui c'est leur père, j'ai toujours couché avec tout un chacun qui me plaisait, ça fait que... Je suis sûre de rien. Y se posent pas de questions, t'as qu'à faire la même chose.

FILS

(Après un temps. Très en dessous.) Je vas te tuer.

MÈRE

(Elle est loin du revolver qu'elle regarde.) Attention à ce que tu dis.

FILS

(Se jetant sur le revolver et la menaçant.) Je vas te tuer.

MÈRE

Tu penses que c'est en me tuant que tu vas ressusciter ton père ?

FILS

Je vas le venger de tout ce que tu y as fait endurer.

MÈRE

Pis moi, qui c'est qui va me venger de tout ce que j'ai enduré, à cause de lui... pis à cause de vous autres ? Qui c'est qui t'a torché, bercé, nourri, soigné, quand t'avais la rougeole, la grippe, la grattelle, la coqueluche, le choléra, mal au ventre, mal au cœur, mal aux pieds, mal au bloc ? Qui c'est qui a pas dormi de la nuit quand tu faisais des dents ? Qui c'est qui faisait vingt repas par jour, en plus du ménage, du lavage, du frottage, du repassage, du raccommodage, du grattage, du décrottage ?

FILS

Essaye pas de me culpabiliser avec tes litanies de misère. Toutes les mères en faisaient autant. C'est pas une raison pour vouloir les canoniser. Mon père, y travaillait, lui avec, t'apprendras !

MÈRE

Ton père, y a jamais touché à une moppe ou un balai seulement. Y se serait même pas fait une toast tout seul. Y a jamais eu le cœur de ramasser son linge seulement. Y se lavait même pas, si j'y disais pas. Y puait la peste !

FILS

Tout ce que tu me renotes là, tu t'en sacres. C'est rien que parce que t'as la chienne que tu me ressasses toutes tes « bonnes actions ». Ça pogne pas. C'est moi qui a le gun, tu vas passer au bat, ok ?

MÈRE

Écoute, on va se parler, je suis certaine qu'on va s'entendre. Donne-moi le revolver.

FILS

Un fou ! Es-tu tombée sur la tête ? Non, je l'ai, je le garde.

MÈRE

Qu'est-ce que tu veux que je te dise de plus? *(Elle s'assoit.)*

FILS

(Temps.) J'ai tué ton chum.

MÈRE

Avec ton revolver de plastique?

FILS

Oui.

MÈRE

(Ricanant.) Y est malade, ça se peut pas autrement.

FILS

J'y ai fait peur avec le revolver. Je suis arrivé à son bureau...

MÈRE

Premièrement, tu sais même pas où est son bureau.

FILS

2240, Prado.

MÈRE

(Étonnée.) Où t'as pris ça?

FILS

Peu importe, je l'ai trouvé. Pas pire pour un nono, hein?...
Tantôt, Tony, y a appelé à son bureau pis c'était occupé?

MÈRE

Oui, la ligne est brisée, je suppose. Ça arrive.

FILS

Non. Le téléphone est décroché, c'est moi qui l'a décroché.

MÈRE

(Moqueuse.) Ben sûr! Fallait y penser.

FILS

J'ai décroché parce que j'ai pris le fil de l'acoustique pour étouffer ton chum. Mon « mon oncle », je l'ai étranglé. C'est pour
ça que ça répond pas à son bureau. Je l'ai zigouillé. *(Geste
d'étranglement.)*

MÈRE

(Toujours incrédule.) T'as tout inventé ça tout seul, à part ça!

FILS

Oui. Pis je l'ai fait. Tout seul aussi. Comme un grand garçon. Tu devrais être fière de moi?

MÈRE

Pauvre enfant! Je te jure que t'as fait du carnage aujourd'hui, toi. Tu dois avoir le cadavre de mon mari dans le coffre de ton char, j'imagine?

FILS

Non, je l'ai laissé sur sa chaise, à son bureau. Comme si de rien n'était. Sauf qu'y a le fil autour du cou pis qu'y est un peu bleu dans la face.

MÈRE

Ça serait pas mieux dans un film... Tous les détails sont là, y en manque pas un.

FILS

Justement... *(Il fouille dans la poche de son veston et en sort une montre.)* En v'là un autre détail. Tu la reconnais? *(Il lui présente.)*

MÈRE

C'est une montre contre une autre. Ça veut rien dire, y a pas rien que lui qui a une montre de même... À part ça qu'y en a trois, quatre!

FILS

... C'est sa montre. C'est la seule chose de valeur qu'y avait à prendre... Regarde! Tu vois que je te mens pas. Sa montre!...

MÈRE

C'est le comble de la niaiserie. Me v'là obligée d'écouter un idiot qui me raconte des menteries à coucher dehors. Me prends-tu pour une valise? *(Pendant cette réplique, il a pris le sac à main de sa mère et vidé.)* Hey, qu'est-ce qui te prend?

FILS

Tu dois ben avoir du cash, là-dedans? *(Il trie les choses.)* Des affaires de femmes, ben évident... *(Il trouve de l'argent. Très peu.*) Un dix, deux cinq, un deux pis du petit change. C'est tout?... C'est tout?

MÈRE

Ben, tu le vois, tu viens de compter.

FILS

Comme l'autre, pareil. J'ai viré le bureau à l'envers, j'ai pas trouvé une maudite cenne noire. Pis lui, y avait exactement trente-quatre piastres dans ses poches... Où c'est que vous le cachez votre hostie d'argent?

MÈRE

(*Criant.*) Je te défends de sacrer devant moi, dans ma maison!

FILS

Ok, les nerfs, ça va faire. C'est moi qui décide... Où c'est qu'est l'argent?

MÈRE

À la banque. Va le chercher, t'as beau. T'as un revolver pour faire un hold-up, sers-toi-z-en.

FILS

Niaise-moi pas. (*La bousculant.*) Montre-moi où est ta cachette?

MÈRE

À la banque, je viens de te le dire.

FILS

Ok! je vas le trouver moi-même. Tu vas avoir un ménage à faire après, je te préviens.

MÈRE

Gêne-toi pas, tu peux fouiler tant que tu veux, tu trouveras rien. Penses-tu que les gens qui ont de l'argent sont assez poches pour garder du liquide chez eux? Y payent rien comptant. J'ai des cartes de crédit à plein dans ce que t'as vidé sur la table. Prends-les. Vas-y, sers-toi... Sauf que le premier achat que tu vas faire tu vas te faire pogner, tu seras ben avancé. (*Il ouvre les armoires, tiroirs, etc.*) Tu trouveras même pas de drogue. Lui, y touche pas à ça, pis moi encore moins, ça fait que tu vas frapper de l'air, sur tous les points. Tu serais ben mieux de croire ta mère sur parole, mon idée.

FILS

Tantôt, c'est toi qui m'as dit que tu me donnerais de l'argent.

MÈRE

Oui. En échange du revolver.

FILS

Où y est, cet argent-là que tu m'a promis t'à l'heure ?

MÈRE

Ah ! *(Évasivement.)* C'est là que c'est compliqué.

FILS

Commence pas à faire la nounoune.

MÈRE

(Cynique.) Qu'est-ce que tu veux... Quand t'as un fils nono, t'es nounoune.

FILS

C'est pas le temps de te trouver drôle. L'argent.

MÈRE

À la banque, je te l'ai dit. Faudrait aller en retirer au guichet.

FILS

Y en est pas question.

MÈRE

En ce cas-là, faudra que tu t'en passes.

FILS

Tu penses que je vas aller à la banque avec toi pour que tu te sauves ?

MÈRE

Alors, on ira pas.

FILS

(Approchant le revolver de la tête de sa mère.) Tu la veux, la balle dans la tête ?

MÈRE

Non !

FILS

Ben, arrête de fafiner.

MÈRE

Qu'est-ce que tu dirais d'un chèque ?

FILS

De combien ?

MÈRE

Cent ? *(Il fait signe que non.)* Deux cents ? *(Non.)* Cinq cents ?...

FILS

Ni mille, ni deux mille, je veux du cash. Pas de faux chèques, ok ?

MÈRE

(Se levant.) Bon !

FILS

Reste assise là. *(Elle se rassoit.)* J'ai pas fouillé le reste de la maison.

MÈRE

Fais donc ça, je vas t'attendre.

FILS

Tu voudrais ben te trouver seule pour appeler au secours ou sacrer ton camp, hein ? C'est ça que tu ferais, hein ?

MÈRE

Comme de raison. Crois-tu que je trouve ça excitant de rester avec toi ?

FILS

Pis, moi, comment tu penses que je me sens ?

MÈRE

Oh ! t'as pas l'air tout à toi, c'est le moins que je peux dire. Non mais, tu vois pas le ridicule de toutes ces simagrées-là ? Voyons, si ça a de l'allure ! Le garçon qui menace sa mère avec une arme. On dirait la première page du *Journal de Montréal*. Si c'est ce que tu veux, avoir ton nom dans la gazette... Ça serait ben la seule façon, d'ailleurs. *(Le fils met le revolver sur sa tempe à lui.)*

MÈRE

Bonne idée! Ton problème sera réglé une fois pour toutes.
Envoye, qu'est-ce que t'attends? Que j'appelle les journalistes
et les photographes?

FILS

Je te préviens, je vas tirer.

MÈRE

Veux-tu que je t'aide? *(Elle se lève et va vers lui.)*

FILS

(Tenant l'arme sur sa tempe.) Approche pas. *(Elle continue et
lui arrache le revolver des mains. Il reste médusé.)*

MÈRE

Tu vois? Tout ce que ça prend, c'est des couilles; ce que t'as
pas... moi non plus, anyway! *(Elle riote.)*

FILS

(Se laissant tomber sur une chaise.) Je suis fucké, fucké, fucké.
(Il se met à pleurer.) Maman! Maman!

MÈRE

Manquait rien que ça, y braille. Y braille! Son père en personne... Y pleurait en regardant une vue. Ben pire, en regardant
la télévision, si y voyait des enfants affamés en Afrique, quelque
part. Jamais vu ça!... Y se rendait même pas compte qu'on
était aussi pauvres qu'eux autres, des fois. Ok! on avait le BS,
ça évitait de crever de faim. Quand je vois ça, les campagnes
pour aider le tiers-monde, comme y disent. Sont même pas
capables d'aider notre monde qui dort dehors sur les trottoirs.
Charité bien ordonnée commence par soi-même, c'est ça
qu'on apprenait à l'école, me semble... T'es pas tout seul de
fucké, si ça peut te consoler. La planète en a une bonne attaque,
elle avec... *(Riant.)* Des fois, je me fais rire, quand je commence
à faire ma philosophe. Lui, y crampe quand y m'entend. Y me
dit: « Toi, t'as manqué ta vocation, t'aurais dû être "preacher"
à la TV. Là, t'aurais fait la passe pour vrai! »... Pis on se met à
rire de plus belle... Je te mens pas, souvent on a l'air de deux
enfants. Tu sais comment ça peut être des enfants quand ça
niaise? Ben, lui pis moi, c'est ça. *(Elle dépose le revolver.)* On
rit, on niaise, on rit...

FILS

(Sans parler directement à sa mère.) Maman, maman, tue-moi, tue-moi !

MÈRE

(Le regardant un moment. Allant vers lui.) T'es pas capable de le faire toi-même, hein ? *(Il fait signe que non de la tête. Doucement.)* Moi non plus, je pourrais pas te tuer... Je sais pas pourquoi. Ça te rendrait service, pourtant... Mais je serais pas capable de noyer un chat, non plus. *(Elle reste devant lui un bon moment. Il relève la tête et la regarde. Elle se détourne et s'en va à la porte-patio.)*

FILS

(La regardant aller.) Si ton chum m'avait donné de l'argent, je l'aurais pas étranglé... Mais y m'a refusé et y m'a traité de tarla. C'est là que j'ai sorti le gun pour y faire peur... pis le reste est arrivé... Quand j'ai réalisé qu'y était mort, j'ai fait les tiroirs, ses poches, les armoires, j'ai rien trouvé sauf ce que je t'ai dit tantôt... Après, je suis venu ici... Je sais plus quoi faire.

MÈRE

Je te comprends... *(Le regardant.)* T'es comme du Jell-o, on peut même pas te ramasser à la cuiller... On peut jamais savoir si tu dis vrai ou si t'inventes... On peut pas te saisir, t'es comme un courant d'air.

FILS

Qu'est-ce qu'y vont faire quand y vont m'arrêter ?

MÈRE

Qui ça ?

FILS

La police.

MÈRE

Pourquoi y t'arrêteraient ?

FILS

Quand y vont découvrir que je l'ai tué.

MÈRE

Ah ! ah ! ah ! franchement, ça suffit les niaisages ! Pourquoi tu te racontes toutes ces menteries-là ?

FILS

(*Très fébrile.*) C'est pas des menteries, je l'ai tué, c'est vrai.

MÈRE

Comme t'as tué le chum de ta femme ?... Voyons donc, tu t'es démenti toi-même...

FILS

Je l'ai tué, je l'ai tué. Ton chum avec, c'est vrai. C'est papa qui me l'a dit. Y fallait qu'y disparaisse pour qu'y soit heureux. Y me l'a dit... (*Il devient de plus en plus nerveux.*) Faut que je m'en aille.

MÈRE

C'est pas moi qui vas t'en empêcher certain.

FILS

Où je vas aller, maman ?

MÈRE

Pis arrête de m'appeler maman tout le temps. Ton père ! Y a jamais pu m'appeler autrement que maman, maman, maman ! J'étais débarrassée de ça, ben fallait que tu recommences. Lâche-moi les mamans, je veux plus en entendre parler, ok ?... Lui, y me traite comme du monde, au moins. Pas comme... un ventre ! Shit ! C'est fini ça, la mère, t'entends ? Lui y m'appelle par des petits noms le fun, comme Poulette, Gros Péché ou ben Ma Crotte ! Pas MAMAN !

FILS

(*Pitoyable.*) Tu veux pas me garder ?

MÈRE

Te garder ? Y te faut une gardienne en plus ?... Va à Saint-Jean-de-Dieu, y vont te garder, mais pas moi.

FILS

Je veux pas mourir.

MÈRE

T'as du temps pour ça, si tu te suicides pas. Pis ça, t'as pas l'air parti pour le faire. Ça fait que fais comme tout un chacun, continue à vivre, puisque tu peux pas faire autrement. Ou ben, fais comme ton père, attends d'avoir le cancer. (*Elle prend une*

petite grappe de raisin.) T'as pas faim?... *(Il ne répond pas.)*
T'as pas faim?... *(Fort.)* T'as pas faim?... Recommence-moi
pas le petit jeu du muet que tu m'as servi tantôt... Je veux ben
croire que t'as des problèmes, mais ça serait pas en te berçant
dans mes bras que tu pourrais en venir à bout... Tiens, fais
donc comme moi, trouve une bonne femme riche, pis accote-
toi. C'est LA solution, tu peux me croire. *(Elle mange. Temps.)*

FILS

La prison à vie, c'est ça qu'y donnent pour un meurtre, hein?

MÈRE

Lui, quand y part sur une idée fixe!

FILS

J'aimerais mieux me tuer d'un coup que de mourir à petit
feu, enfermé. Tu viendrais me voir en prison?

MÈRE

Si jamais tu y vas, on en parlera. Pour le moment... je mange
mon raisin.

FILS

Je serais pas capable de vivre avec des gars qui ont tué. Je suis
pas un bandit, moi.

MÈRE

Ah! mon Dieu non! T'as des croûtes à manger avant d'arriver
là.

FILS

Je le sais, je vas plaider la folie. J'ai tué ton chum dans un
moment de folie. *(Au juge.)* « Je sais pas ce qui est arrivé. J'étais
pas là. Je veux dire, j'étais ma tête... Vous voyez ben que je voulais pas le tuer, j'avais un revolver en plastique. Y est là, vous le
voyez? Vous pouvez pas dire que c'est un vrai... C'est un jouet...
Un jouet!... On peut pas tuer avec un gun en plastique... *(Il
raconte et finit par crier et frapper les meubles ou le mur.)* J'en-
tendais la voix de papa qui me disait : "Je pourrai pas être heureux... je pourrai pas... tant qu'y seront en vie..." Le téléphone
a sonné, y est venu pour répondre, j'ai pris l'acoustique... pis
j'ai tourné le fil autour de son cou... pis j'ai serré... serré... Ça
criait Allô!... Allô! Pis je serrais encore plus fort... La ligne a

coupé... Y était tout rouge pis y râlait... Pis je l'ai fessé avec...
avec... avec un coupe papier... avec un couteau... avec une pelle...
une pelle... » *(Il devient incohérent et ne fait que des onomatopées
incompréhensibles tout en frappant de ses poings. Il finit par
s'affaisser sur lui-même en proie à une sorte de hoquet.)*

MÈRE

*(Après avoir suivi ce manège, appréhensivement elle reste un
moment sans parler.)* T'as besoin de te faire soigner, tu peux
pas rester comme ça, avec toutes ces imaginations effrayantes
dans le cerveau... *(Elle va vers lui et le touche sur la tête gentiment.)* Ti-gars, écoute-moi. Je vas m'occuper de te faire traiter,
si tu veux.

FILS

(Sans bouger. Très faiblement.) Maman, tue-moi, tue-moi.

MÈRE

(Elle tente une caresse maladroite. Temps.) Je te demande pardon... J'aurais pas dû te laisser venir au monde. Mais je pouvais pas savoir que tu serais si mal dans ta peau... C'est ça,
faire des enfants. On sait pas... On avait pas de pilules dans ce
temps-là, non plus.

FILS

Tue-moi maintenant, puisque t'as pas pu le faire dans le temps.
Ça revient au même. *(Il va prendre le revolver. Le donne à sa
mère. Elle refuse de le prendre.)* Prends-le! Tue-moi. Maman,
je t'en supplie, tue-moi!

MÈRE

(Se dégageant violemment.) Non! Non!... *(Elle a la chair de
poule.)*... Tu m'en donnes des frissons, à force, avec tes idées
de fou. *(Elle crie.)* Arrête tes singeries, tu vas me rendre folle
moi avec. Arrête ça!... *(Le téléphone sonne. Elle va répondre.)*
Allô!... Ah! Tony, j'ai pas eu de ses nouvelles, y m'a pas appelée.
L'as-tu rejoint?... Pis, pourquoi ça répondait pas à son bureau,
si y était là?... *(Très longtemps.)* Avec le fil du téléphone!...
(Elle regarde son fils.) Un règlement de comptes, tu penses?...
Ah! Tony, je le sais pas plus que toi, ce qu'y faut faire... Je le
sais que c'est lui qui décide, mais y est plus capable comme y

est là, innocent!... Ben non, tu peux pas appeler la police...
(*Criant.*) Parce que je te dis de pas les appeler... Ben non, y
finiront ben par le trouver un jour... Évidemment que ça va
me péter dans la face, c'est moi sa femme.... T'as rien touché
au bureau, au moins?... Je te connais, je sais que t'es toujours
les pieds dans les plats quand t'es tout seul... Ok, si tu me le
dis, je te crois... Oui, t'es mieux de disparaître pour un temps,
à mon idée, Tony!... Inquiète-toi pas pour moi, je vas m'ar-
ranger; tiens ça mort, c'est le cas de le dire!... Non, non, je fais
rien pour le moment. On verra plus tard... C'est ça, salut!...
(*Elle raccroche le téléphone. Temps assez long et lourd.*)

FILS
(*Très doucement.*) Je te l'avais dit.

MÈRE
(*Sur le même ton.*) Tu me l'avais dit, oui.

FILS
Tu m'as pas cru.

MÈRE
Je t'ai pas cru, non.

FILS
Papa me l'avait demandé.

MÈRE
(*Sans bouger ni élever la voix.*) Toute ma vie pour arriver à
ça... (*Elle est un peu perdue pour un moment.*)

FILS
(*Temps.*) Tu vas avoir les assurances.

MÈRE
(*Le regardant sans savoir si elle doit crier ou brailler ou détruire
le mobilier. Finalement elle va prendre une bouteille et elle boit
une grosse lampée à même le goulot.*) Ahhhhh! J'en avais
besoin... ça va m'empêcher de faire une crise de nerfs...

FILS
Tu l'aimais pas, tu me l'as avoué tantôt.

MÈRE

Non, je l'aimais pas. Mais c'était ma boussole... Je viens de perdre le nord, moi avec... Je ris ben de Tony, mais j'étais pareille avec lui. Y savait tout le temps la réponse, lui... Tout ça à cause d'un illuminé qui a des visions de son père !... Ah ! si je me retenais pas, je t'arracherais la face. *(Elle crie.)* Chien sale ! Écœurant ! Écœurant !

FILS

(Très doucement.) Maman, tue-moi. *(Il lui tend le revolver.)* Tue-moi, maman.

MÈRE

(Elle donne une claque sur le revolver qui va s'échouer quelque part dans le décor.) Ta gueule !... Espèce d'arriéré mental ! Comme si y avait pas assez d'un cadavre dans le moment. J'ai pas envie pantoute de me ramasser en dedans pour le reste de mes jours. Surtout que ma seule erreur, c'est de t'avoir mis au monde... Le plus écœurant dans la vie, c'est que tes actes te reviennent au moment où tu t'y attends le moins.

FILS

(Temps.) Vas-tu me dénoncer à la police ?

MÈRE

(Temps.) C'est ça que tu voudrais ?

FILS

(Vivement.) Non !

MÈRE

(Temps.) Quand t'étais petit, t'avais peur de la noirceur, du tonnerre, de la police, des pompiers, des chiens, de la voisine d'en face. Là, y avait de quoi, elle était toujours saoule pis elle courait après les enfants avec un manche de vadrouille... Un bon jour, ton père s'est fâché, y l'a enfargée pis elle s'est étendue de tout son long sur le trottoir de ciment en perdant ses dentiers... Le lendemain, elle recommençait. Jusqu'à ce qu'elle se fasse frapper pour de bon par un autobus... Veux-tu ben me dire ce que j'ai à rabâter des vieilles histoires tout d'un coup !

FILS

Ce gars-là, dans le film, je me rappelle qu'y se faisait prendre pis qu'y réussissait à s'échapper en courant dans un champ de foin. Là, la police lâchait des bergers allemands après lui. Y finissaient par le rattraper en le mordant aux jambes... le sang coulait partout pis le gars hurlait tandis que la police le fessait avec leurs gourdins... Plus le gars criait, plus la police fessait... Maman, j'ai peur, y vont lancer les chiens après moi...

MÈRE

(Le regardant sans le repousser.) Qu'est-ce que je disais donc?... Me v'là rendue comme une vieille alzheimer, je me cherche. Tit-gars, peux-tu me dire où je suis? *(Elle se dégage de lui lentement.)* Me semble que j'ai reçu une tonne de briques sur la tête. Ça doit être comme ça quand on se fait enterrer vivant. On manque d'air. *(Elle sort sur la terrasse et reste visible. Elle reprend contenance lentement.)*

FILS

Une fois, j'avais huit ans, j'ai trouvé un nid d'oiseaux. Y avait des petits dedans qui voyaient pas clair. Juste des petites bosses bleuies à la place des yeux. Pas de plumes. Seulement du duvet par touffes ici et là sur le corps. J'en ai pris un dans ma main. Y grévillait en essayant de battre des ailes. Pour pas qu'y se sauve, je l'ai renfermé dans mes deux mains. Je l'ai gardé un peu. Y se calmait en sentant la chaleur... Je sais pas pourquoi, je l'ai lancé en l'air tout d'un coup... Y a battu un peu des ailes mais y s'est aplati à terre pareil. Là, un chat s'est garroché dessus et y s'est sauvé en dessous d'un hangar... Un gros matou noir et blanc.... Le petit oiseau s'est fait manger... Le soir j'ai pas dormi. Le lendemain, j'ai été à confesse. *(Il raconte tout ça comme un garçonnet. Très naïvement.)* Un soir, les gars ont attrapé un matou dans la ruelle pis y ont décidé de s'amuser avec. Ça fait qu'y l'ont arrosé de gaz à *lighter* pis y ont mis le feu après. Y s'est poussé en miaulant comme un perdu, on l'a jamais revu... Une autre fois, on a pogné un chien pis on y a mis de la térébenthine en dessous de la queue. Ça a pas pris deux minutes qu'y s'est mis à hurler en se traînant le derrière à terre. On était morts de rire, nous autres... *(Le ton change. Aussi naïf, mais pénible.)* Un été, ça a été à mon tour... Y m'ont attaché à une poutre de garage... pis, y ont baissé mes culottes... pis y m'ont beurré d'huile à moteur sale, pis y m'ont masturbé chacun leur tour. Pis y ont demandé aux filles de faire pareil... Ça faisait mal... ça chauffait... Je pleurais. J'ai crié. Y m'ont rentré un torchon graisseux dans la bouche pis y ont continué... jusqu'à ce qu'y entendent venir une auto dans la ruelle. Là, y se sont sauvés, y m'ont laissé tout seul... Je sais pas si je me suis endormi ou si j'ai perdu connaissance, mais la première chose que j'ai sue, j'étais couché à terre dans le garage pis y avait une vieille femme qui me parlait... Sans elle, je serais peut-être encore là... J'en ai jamais parlé à personne. Pas même à papa. Je voulais pas qu'y pense que je faisais des cochonneries quand y était pas là... Mais j'ai eu mal longtemps... là... J'ai encore mal... même avec ma femme... C'est plus fort que moi. *(Il y a une transition à faire pour revenir au moment présent quand il parle de sa femme.)* J'ai encore mal. J'aurai toujours mal, c'est pas de ma faute. *(Il appelle.)* Maman ! Maman ! Aidemoi ! *(Un cri.)* Maman !

MÈRE

(Revenant lentement. Gentiment.) Pas si fort, je suis pas sourde. *(Elle est un peu perdue. Elle le sera pour le reste de la scène.)*

FILS

(S'avançant vers elle comme un enfant.) Maman, prends-moi dans tes bras, comme papa, quand j'étais petit.

MÈRE

(Doucement.) Grand veau, t'as pas honte ? *(Elle essaie de mettre ses bras autour de lui. Mais elle s'arrête et se détourne de lui.)*

FILS

(Faiblement.) Papa ! Papa !

MÈRE

(Elle prend la photo cassée.) Y me reste la photo. *(Elle la lance à toute force dans le décor.)* Cassée ! Une photo cassée !

FILS

J'aurais dû mourir quand y m'ont attaché dans le garage. Y te resterait une photo de moi seulement. Un petit gars maigre comme un squelette !... J'aurais monté au ciel, j'étais innocent comme un ange. Maintenant, je serais avec papa !... Même si tu veux croire que c'est pas mon père, je te crois pas. Je le sais moi, là, *(désignant sa poitrine)* que c'est lui. Tu peux pas m'enlever ça. C'est entre lui pis moi. On a la vérité de notre bord !... Une fois, j'avais quatorze ans, j'étais grand pour mon âge, tu le sais ; pour ma fête, papa m'a emmené à la taverne. Je pouvais pas entrer, j'étais trop jeune. Ça fait qu'y m'a prêté son linge de travail, pis sa calotte. Et, avec mes cheveux, y m'a collé une moustache, pis on est allés boire de la draft. On avait l'air de deux vieux chums, pour les autres. Mais pour moi, j'étais avec mon père, pis c'était ma fête !... *(Ému.)* Ma fête ! Toi, t'étais même pas là. *(Cri.)* Où ce que t'étais pour ma fête ? T'étais jamais là pour ma fête. *(Plus bas.)* T'étais jamais là... même quand tu y étais... Papa, lui, y était tout le temps là, même quand y était pas !... J'aurais dû mourir avec lui. J'aurais pas dû grandir, parce que grandir, c'est souffrir, parce que grandir, c'est vieillir... Y paraît qu'y a des enfants qui viennent au monde vieux. À dix ans, sont comme les chiens, y ont soixante-dix ans, y ont des rides et sont chauves... C'est la même maladie que j'ai... à l'âme. J'ai une âme de vieux ! Pleine de douleurs aux jointures ! Du moment que je bouge, ça fait mal !... J'aurais dû mourir. T'aurais dû me tuer, maman !... Maman, tue-moi ! Je veux mourir. *(La mère reste dans son monde fermé.)* Pour moi, c'est la même chose, vivre ou mourir... Tu veux pas me tuer. Ça non plus tu veux pas le faire pour moi. T'es une mauvaise mère, c'est vrai, papa finissait pas de le répéter... Pourtant, y t'appelait maman pareil... Comme moi ! *(Rage.)* Shit ! T'es rien qu'une putasse, pis je t'aime. Ma femme est une putasse, pis je l'aime. *(À sa mère. Violent.)* Tu vois pas que je suis fucké ? Fucké jusqu'à la moelle des os ! Ah ! pis tu t'en crisse. Moi avec ! *(Un temps.)* Des fois, je me sens comme absent de moi. Je suis pas là. Je me vois ailleurs. Moi, c'est un autre, on dirait. Pis je me demande si je vis pas la vie de ma doublure. Ça serait le fun si c'était vrai. Tu serais pas ma mère ! Youppee !... Mais papa serait pas mon père. Non, je veux pas. J'aime mieux être moi !... Tant pis, ça donne rien de rêver si le rêve est pire que la réalité. Si seulement on pouvait s'empêcher de venir au monde, on passerait l'éternité dans les limbes comme un fœtus qui baigne dans l'eau en suçant son pouce, les yeux collés ben dur

pour pas voir... T'habites le néant ou le néant t'habite. Y a
rien. Juste rien. Rien autour du vide. C'est moi ça : le vide ou
le rien. Le rien dans le vide ou le vide dans le rien ! *(Regardant
la porte.)* Je pourrais me sacrer dans le vide, ça ferait rien ! *(Il
va à la porte vivement.)* Hey ! *(Il riote.)* J'avais jamais pensé à
ça avant. C'est au boutte ! Ça ferait aucun bruit. Pas de sang !
Rien ! Juste un peu de poussière ! Juste un rien ! *(Il s'amuse.)*
Hey ! Rien qui tombe dans le vide ! Personne s'apercevrait de
rien. Forcément, un rien disparaît pas, y est jamais apparu. *(Il
rit.)* Hey ! C'est génial ça !... Hé que je m'aime quand je suis
con. C'est le seul moment où je suis quelque chose, me
semble !... Le problème, c'est que je suis rien, je peux pas être
con... *Shit !*... *(Temps mort. Il revient à la réalité.)* Maman !...
*(Elle sort de son rêve et machinalement va prendre du raisin.
Elle mange.)* C'est ça, mange tes émotions ! À la télévision, les
psy disent ça tout le temps quand y parlent des gros. *(Regardant
sa mère.)* Comment ça se fait que t'es pas grosse ?... *(Répondant
lui même à la question.)* Parce que... parce que... parce que
t'en as pas, d'émotions, tu peux pas les manger... Moi, c'est le
contraire, c'est elles qui me mangent. C'est pour ça que je suis
maigre. Comme papa ! Comme papa ! Maigre comme papa !...
Tandis que toi, euh !... toi, t'es... euh !... ni grosse, ni petite, ni
laide, ni belle, ni jeune, ni vieille. T'es entre deux. Entre deux
quoi ? Entre deux, point !... Entre deux pôles ? *(Riotant.)* Entre
deux mon cœur balance ? Entre deux eaux ? Entre deux
guerres ? Entre deux maux, faut choisir le moindre ! *(Il rit
nerveusement.)* Shit !... *(Il en vient aux pleurs qu'il réprime.)*

MÈRE

(Comme si de rien n'était. Elle a fini son raisin.) Ça finit toujours
par agacer les dents, le raisin.

FILS

(Se ressaisissant.) T'as rien qu'à pas en manger ! Ben bon, ben
bon !

MÈRE

Veux-tu me dire ce que je fais ici, moi ? J'étais rendue pas mal
loin, moi, là ! Ben loin.

FILS

T'es jamais été ben proche, faut dire.

MÈRE

Quand je pars dans mes songeries, je vois pas l'heure d'en
revenir.

FILS

Une fois, quand j'étais petit, je suis passé en face d'un théâtre,
pis, sur l'affiche, y avait d'écrit, en grandes lettres : « La vie est
un songe »... J'ai eu envie d'aller voir, mais j'avais pas l'argent
pour entrer.

MÈRE

(Elle est allée ramasser la photo qu'elle regarde.) La vie est peut-
être ben un songe, mais la mort, c'est du vrai. Lui, y songeait
pas, y vivait la vraie vie. Avec ton père, oui, la vie était un
songe. On savait jamais la suite. Y est mort sans la savoir non
plus. Lui, y savait tout le temps.

FILS

Avec papa, moi, j'échafaudais des histoires sans queue ni tête.
Y me disait : « Toi, mon tit-gars, t'es fabuleux pas pour rire. »

MÈRE

(Déchirant la photo.) À quoi ça sert les portraits quand y a
plus de face à mettre dessus ?

FILS

Pourtant, suffit d'une photo pour te faire prendre... par la
police.

MÈRE

(Geste à l'appui.) Dans la marde jusque-là !... T'as beau vouloir
t'en sortir, y a toujours une main charitable pour te renfoncer
la tête dedans.

FILS

Vas-tu me dénoncer ? Hein ?

MÈRE

(Temps.) Qu'est-ce que tu penses que ton « papa » en penserait,
hein ?

FILS

Y serait content de moi, je l'ai vengé. J'y avais promis. J'ai tenu promesse.

MÈRE

(Cynique.) Un soir, t'as seize ans, un petit spermatozoïde invisible à l'œil nu décide de se frayer un chemin pis de te rentrer dedans. V'là ta destinée chambardée pour le restant de tes jours. *(Presque en riant.)* Tu vois, je suis aussi pisseuse que toi. Je devrais me faire sauter la carcasse, si j'avais le courage ! Je le sais que je le ferai pas. Pourtant j'ai aucune raison de continuer, je retourne à zéro, mon ange gardien est parti... *(Avisant le revolver.)* Pis j'ai l'outil rêvé pour me suicider. *(Elle le ramasse et le met sur la table.)* Ben pour dire, je pensais que j'avais vu le fond du trou, dans mon cagibi de la rue Beaudry, ben je me trompais... Pis j'ai de l'argent, à part ça, c'est-y assez... euh !... je trouve même pas le mot, tu vois ?... je veux dire que même si j'ai des cennes, ça m'empêche pas d'être dans le pétrin pareil. *(Elle s'interrompt. Elle a trouvé ce qu'elle cherchait.)* Ironique le mot !

FILS

J'aurais pas dû tuer le chum de ma femme.

MÈRE

Ça recommence ! *(Le téléphone sonne. Elle répond.)* Allô !... Je sais vraiment pas, mon cher monsieur... Oui, y m'a dit qu'y avait un rendez-vous, mais si y est pas allé, je sais pas pourquoi plus que vous... La ligne est occupée à son bureau ?... Aucune idée, monsieur... Euh ! je pourrais-t-y savoir — je suis sa femme — euh !... pourquoi vous aviez rendez-vous ?... Ah !... Non, non, simple curiosité... C'est ça, y va vous rappeler, je suppose... Au revoir, monsieur. *(Elle raccroche.)* Y voulait acheter un condo en Floride... Y avait rendez-vous avec un agent d'immeubles... Y achètera pas de condo en Floride !...

FILS

(Ils sont maintenant chacun dans leur monde.) C'est ma femme que j'aurais dû tuer au lieu de son chum.

MÈRE

Y en rêvait de la Floride, y voulait aller vivre là six mois par année.

FILS

Ça s'est fait vite, au motel où y restait. Juste le temps d'arriver, j'y ai mis le revolver dans la face. Je l'ai fait reculer jusqu'au téléphone, pis j'ai décroché, pis j'y ai passé le fil autour du cou, pis j'ai serré. Ça a pas pris cinq minutes en tout. Le temps de faire ses poches, je suis reparti en vitesse, ni vu, ni connu... Dans ses poches, y avait 47 piastres... pas de montre, pas de bague, rien.

MÈRE

Dans ma cambuse de la rue Beaudry, tous les hivers, sans manquer, je rêvais de la Floride. Ça coûtait rien. Pis je risquais rien, je savais que j'irais jamais... Pis le miracle est arrivé. Lui, y m'a emmenée. Pour vrai. La Floride avant lui ça existait, ben sûr, comme l'Afrique ou les extra-terrestres. Mais j'y avais jamais mis le nez. Lui, y m'a fait toucher la Floride. Je l'ai vue, je l'ai sentie, je l'ai vécue au bord de la mer, les pieds dans l'eau salée... Lui, y avait le don de faire arriver les choses impossibles. Si y avait voulu, y aurait été le frère André, je te gage. *(Elle prend une grappe de raisin.)* Y faisait sortir la Floride du néant, tout d'un coup. *(Savourant son raisin.)* Hum !...

FILS

Ma femme va avoir un enfant de... de lui... Avec moi, c'était pas possible, je suis stérile... impuissant, le docteur l'a dit. Je le savais ben avant lui. Je suis pas un homme, je suis un eunuque. *(Un cri.)* Je suis un eunuque. J'ai une poignée de peau morte entre les jambes. *(Il a un geste violent de prendre son sexe.)* De la peau morte !

MÈRE

(Tout à son raisin.) Hum !... je me rassasie jamais... Lui, y aimait mieux les noix salées...

FILS

Faut pas qu'elle ait cet enfant-là, y a plus de père, à c't'heure... Faut qu'elle... Je l'aime, ma femme... Son chum est mort, pourquoi elle reviendrait pas, hein ?...

MÈRE

(Elle a fini son raisin.) Y a plus de raisin... Y me reste à parler... Parler pour vivre. Parler, parler.

FILS

Je l'aime, ma femme, c'est elle qui m'aime pas.

MÈRE

Parler, pour rester en vie. Sans ça, je vas arrêter d'exister. Parler. Juste pour rien. Pour rien dire. Pour m'entendre. Parler sans arrêt... jusqu'à la fin. Jusqu'à la fin de mes jours... *(En disant ces phrases elle s'en va vers le patio et sort.)* En disant des mots, des mots... n'importe lesquels... table, frigidaire, cadeau, chaise, portrait, lumière, journal, papier...

FILS

Faut que j'aille chercher ma femme. *(Il va prendre le revolver et le regarde.)* Lui, y est raide... pis y décharge. *(Il sort vivement.)*

MÈRE

(En fade out *avec la lumière.)*... bateau, géranium, tapis, arrosoir, parapluie...

RIDEAU

MEMBRE DE SCABRINI MEDIA

Québec, Canada
2004